IMÁGENES
de los Estados Unidos

El Parque Nacional de Yellowstone

En Portada: El géiser Excelsior, durante los años en los que entró en erupción (1881–1882, 1888, 1890–1891), adquirió la fama de ser el géiser más grande del mundo, ya que expulsaba agua caliente a una altura de 91 metros y a una anchura de 91 metros. Sorprendiendo a todos los visitantes del parque, el géiser destruía puentes con sus torrentes y lanzaba rocas de gran tamaño sobre sus cabezas. Fue retratado por el fotógrafo T. W. Ingersoll en 1888 en esta fotografía, inédita hasta ahora. (Universidad de Yale.)

IMÁGENES
de los Estados Unidos

El Parque Nacional de Yellowstone

Lee H. Whittlesey y Elizabeth A. Watry

ARCADIA
PUBLISHING

Copyright © 2017 by Lee H. Whittlesey and Elizabeth A. Watry
ISBN 978-0-7385-2729-5

Published by Arcadia Publishing
Charleston, South Carolina

Printed in the United States of America

Library of Congress Catalog Card Number: Applied for

For all general information contact Arcadia Publishing at:
Telephone 843-853-2070
Fax 843-853-0044
E-mail sales@arcadiapublishing.com
For customer service and orders:
Toll-Free 1-888-313-2665

Visit us on the Internet at www.arcadiapublishing.com

Este libro está dedicado a nuestros padres—Charles y Dorothy Whittlesey, Robert y Dawn Lewry—quienes nos llevaron a Yellowstone de niños y nos inculcaron el amor por el lugar. Ni ellos ni nosotros podíamos haber imaginado en aquel momento que la magia del "País de las Maravillas" cautivaría nuestras almas y nuestros corazones y que se convertiría en la pasión de nuestras vidas.

Tabla de Contenidos

Agradecimientos		6
Introducción		7
1.	Exploradores y fundación: 1869–1879	9
2.	Dificultades, decisiones y perspectivas: 1880–1885	19
3.	El cambio en los guardias: 1886–1897	35
4.	Construcción, campamentos y camaradería: 1898–1909	49
5.	Afrontando una nueva época: 1910–1915	69
6.	Introducción del coche y del Servicio de Parques Nacionales: 1916–1929	83
7.	Depresión, innovación y guerra: 1930–1945	109
8.	Prosperidad y regulación ecológica: 1946–1968	119
Posdata: El géiser Old Faithful		126
Indice		127

Agradecimentos

Yellowstone comenzó a ser fotografiado en 1871, y han sido muchos los que han contribuido. Debemos mucho a los primeros fotógrafos, como W. H. Jackson y H. B. Calfee. Hemos hecho uso de muchas colecciones para crear este libro. Agradecemos a los Archivos del Parque Nacional de Yellowstone, a la Universidad de Wyoming, a la Universidad de Utah, a la Sociedad Histórica de Montana, a la Universidad de Yale, a la Biblioteca del Congreso y al Servicio Geológico de los Estados Unidos, así como a varias colecciones privadas.

Introducción

Durante siglos, la zona que ahora recibe el nombre de Parque Nacional de Yellowstone era el hogar de al menos 26 tribus nativas americanas. Estas tribus, incluyendo las cuatro principales que vivieron en la zona más recientemente—los crow, shoshones, bannock y pies negros—consideraron Yellowstone su hogar hasta 1871, cuando se les pidió que abandonaran el lugar, para así satisfacer a unos preocupados funcionarios del parque que temían que la presencia de nativos americanos disminuiría el número de turistas blancos. El nuevo parque se convirtió en el incentivo turístico principal del Oeste de los Estados Unidos de después de la Guerra de Secesión, y sus hoteles, campamentos, restaurantes, diligencias, tiendas de recuerdos y guías turísticas pasaron a formar parte del elegante "Gran Tour."

Pero, para la mayoría de la gente, las primeras imágenes de Yellowstone vinieron de la mano de la fotografía. La fotografía poseía el gran poder de explicar, y por tanto transformar, las percepciones del Oeste como espacio mítico, y convertirlo en un lugar real que podía ser visitado. Las primeras imágenes pasaron a formar parte del repositorio de significados culturales que, posteriormente, los historiadores e intérpretes pudieron descifrar.

Debido a que el público no pudo comenzar a sacar sus propias fotografías hasta 1890, estas se convirtieron en elementos comerciales. Los fotógrafos dedicados a esta actividad llegaron a Yellowstone en 1871, entre los se encontraban William Henry Jackson, Joshua Crissman y Henry Bird Calfee, que utilizaban un complicado proceso fotográfico llamado "colodión húmedo" que implicaba el usar mulas para transportar el equipo hacia el interior de la región salvaje. Muchas de sus primeras imágenes eran perspectivas que se veía por un estereoscopio, lo que dio al espectador un efecto tridimensional. Estas imágenes "turísticas" se convirtieron en diversión para miles de estadounidenses que, antes de 1920, no tenían acceso a la radio, a la televisión, o a películas. Con tan solo con observar estas fotografías a través del visor podían ser transportados a tierras lejanas; así es como, al principio, miles de estadounidenses tuvieron la oportunidad de "visitar" Yellowstone.

Mundialmente famoso desde su fundación en 1872, el parque de Yellowstone es ahora un lugar de peregrinación para visitantes de todo el mundo. Como Washington D.C. y las Cataratas de Niágara, cada estadounidense aspira a visitarlo al menos una vez en su vida. El guía turístico G. L. Henderson escribía ya en 1885 algo similar:

> Más de 10.000 kilómetros cuadrados han sido guardados y consagrados al uso humano más honorable. Cada vía férrea tiene como objetivo ser la que lleva al Yellowstone. Cada estadounidense tiene que verlo una vez antes de morir. Todo el mundo sueña y lee sobre ello. Los mejores artistas lo fotografían, copian y pintan. Los hombres recuperan allí su juventud y las mujeres se vuelven más hermosas tras respirar su aire e inhalado el perfume de sus flores. Los chicos se vuelven más inteligentes y las chicas más bonitas tras haber visitado el País de las Hadas.

En sus inicios, el parque Yellowstone era conocido como el "País de las Hadas" y el "País de las Maravillas", debido al gran número de características naturales, únicas, hermosas e individuales: los géiseres, las aguas termales, charcos de lodo, las expulsiones de vapor, las montañas, los lagos, los ríos, los arroyos, las cataratas, los cañones y sus árboles petrificados. Se descubrieron tantos de estos elementos naturales que, a partir de 1881, los fotógrafos como Henry B. Calfee y F. Jay Haynes dejaron de tratar de fotografiarlos todos, y hoy en día los expertos en suvenir conocen Yellowstone como el lugar con el mayor número de fotografías postales, contando con más de 10.000. Antes de 1886, cuando llegó el ejército estadounidense para tomar el control del parque, ya se lo consideraba un gran éxito turístico.

Recorrido hasta 1917 por diligencias, el parque dio la bienvenida casi de manera simultánea al automóvil y a los nuevos guardabosques del Servicio de Parques Nacionales. Estos dos cambios ayudaron al parque en su progreso hacia el siglo XX. Un millón de visitantes pasaron por Yellowstone en 1948, dos millones en 1963 y tres millones en 1993.

Al principio, el nuevo Servicio de Parques Nacionales creía que parques como el de Yellowstone necesitaban promoción, así que fueron fomentados con entusiasmo, con el objetivo de aumentar el número de visitantes de los parques, así como la aprobación de la nueva agencia gubernamental. En la década de 1930, el Servicio de Parques Nacionales se percató de que había realizado un buen trabajo, ya que continuar con la fomentación del parque ya no era necesario. Una Gran Depresión y una guerra mundial fueron las causantes del deterioro de Yellowstone, pero el incremento de visitantes durante la posguerra obligó al Servicio de Parques Nacionales a prometer una inversión de dinero destinada a un gran proyecto de reparación conocido como "Misión 66". En aquella época, los parques no necesitaron más promoción, ya que en la década de 1950 comenzaron a aparecer artículos en revistas que proclamaban que parques nacionales como el Yellowstone estaban siendo "amados hasta la muerte".

Las décadas posteriores trajeron una serie de cambios a Yellowstone, mientras el Servicio de Parques Nacionales refinaba su gestión del mismo. En la década de 1960 se reforzó la filosofía del "mantenerlo natural"; en la década de 1970 se prohibió el proveer de alimentos humanos a los osos; en la década de 1980 se reafirmó una ley sobre el fuego; y ya en la década de 1990 se reinsertaron los lobos dentro de los límites del parte. Hoy en día el parque está inmerso, sin duda alguna, un proceso de restauración de sus recursos.

Las características culturales del Yellowstone—como los edificios históricos, puentes, espacios, lugares emblemáticos y panoramas culturales, y los artefactos, fotografías, suvenires y escasos documentos de su museo—son tan interesantes como sus características naturales, pero menos conocidas. Uno de los objetivos de este libro es de demostrar estas características por medio de fotografías, también algunas características naturales. Realizamos la selección de fotografías partiendo de su rareza, su representación extraordinaria de sujetos, su significación ilustrativa a la hora de representar el espacio y su valor como entretenimiento. Muchas de estas fotografías recogen actividades que ya no son permitidas en el parque, como la escalada o el vadear los géiseres y aguas termales, caminar fuera de los límites de los caminos que cruzan las zonas termales, recolectar objetos naturales o históricos, cubrir especímenes con depósitos de las aguas termales, recoger flores, talar árboles, o alimentar y molestar a los animales. Actualmente, el Servicio de Parques Nacionales pide a los visitantes que se abstengan de llevar a cabo estas acciones. Esta "política de preservación" es parte de la filosofía de "mantenimiento natural" del parque para preservar y proteger Yellowstone para las generaciones futuras.

La fama, belleza, biología, geología y antigüedad de Yellowstone lo han convertido en patrimonio de la humanidad y en reserva de la biosfera. Sin embargo, este libro no constituye la glorificación habitual de los alces, los bisontes, los osos y los géiseres en forma de fotografías coloridas. En su lugar, celebra la cultura y la historia del parque—la gente, los lugares, los eventos y los objetos que contribuyen a que Yellowstone sea lo que es hoy. Esperemos que lo disfruten y que cuando se maravillen ante algunas de estas imágenes poco conocidas, consideren ayudarnos a contribuir en la protección de Yellowstone para que así sus bisnietos también puedan verlo.

Uno

Exploradores y fundación
1869–1879

Antes de 1869, las personas blancas poco sabían sobre la región de Yellowstone. Los nativos americanos residieron en la región superior de Yellowstone durante cientos de años antes de la llegada de los euroamericanos. Aunque muchos cazadores se dedicaron a explorar la región salvaje de Yellowstone durante el periodo de 1822–1840 y contaron historias sobre ella, los conocimientos adquiridos no quedaron recogidos en ningún lado. Durante la década de 1860, los buscadores de oro del Territorio de Montana rastrearon cada valle de lo que iba a ser el parque en busca del valioso metal, pero tampoco dejaron la información recapitulada en ningún lugar.

Quedó en mano de los exploradores blancos revelar esta región al resto del mundo durante el periodo de 1869–1871. El hecho de que se necesitaran tres expediciones para lograrlo demuestra la gran riqueza y complejidad de las maravillas de la parte superior de Yellowstone. En el verano de 1869, y tras escuchar una serie de rumores acerca de las extrañas curiosidades del comienzo del río de Yellowstone por parte de otros exploradores, el grupo Folsom, compuesto por tres hombres y una caravana de caballos, cabalgaron a través del futuro parque. No publicaron el informe de la experiencia inmediatamente, aunque sí que aportaron un mapa, en una especie de sugerencia para lograr preservar el espacio de alguna manera. También propocionaron una serie de informaciones de manera verbal a los empleados de Helena, que se convirtieron en el siguiente grupo que exploró Yellowstone. Esta, la expedición de Washburn de 1870, se llevó la fama por el descubrimiento por parte del hombre blanco de la región. Sus líderes (Nathaniel Langford, Henry Washburn y Gustavus Doane) escribieron y publicaron los informes de su viaje, dieron una serie de charlas promoviendo sus descubrimientos, dibujaron planos mejorados, y lideraron la ruta para beneficiar a la Northern Pacific Railroad. Uno de los hombres que atendía de público a una de las charlas de Langford, que resultó ser el doctor F. V. Hayden del departamento de geología del gobierno, pareció encontrar en esta una gran inspiración. Cualesquiera que fueran los orígenes de sus planes, Hayden obtuvo el verano siguiente 40.000 dólares del Congreso, que invirtió en llevar a 30 científicos, porteadores y cocineros a la región salvaje, para así poder observar las maravillas de Yellowstone. Hayden escribió y dibujó informe y mapas detallados, y su fotógrafo, W. H. Jackson, capturó las maravillas con su cámara. Partiendo de esta base, el Congreso aprobó entonces el convertir Yellowstone en el primer parque nacional del mundo.

Mientras trabajó para la compañía Boulder Ditch en Diamond City, Montana, junto con David E. Folsom y William Peterson, Charles W. Cook (izquierda) comenzó a rondar la idea de organizar una expedición en la región en 1868. En 1869, Cook, Folsom y Peterson se apuntaron junto a un grupo de ciudadanos a explorar la región. Cuando el grupo se disolvió por falta de acompañamiento militar, el trío decidió proseguir con el viaje. A su regreso, sus intentos de publicar sus descubrimientos se toparon con el escepticismo de revistas como la *Scribner's Monthly*. Para reproducir un modelo exacto de su ruta, Cook trabajó con Walter Delacy, que ya había tenido oportunidad de observar las maravillas de Yellowstone. El siguiente mapa (debajo), que se añadió al artículo de Cook que fue publicado finalmente por la *Western Monthly*, fue lo que permitió que la expedición de 1870 a Yellowstone del grupo Washburn se llevara a cabo. (Archivos del Parque Nacional de Yellowstone.)

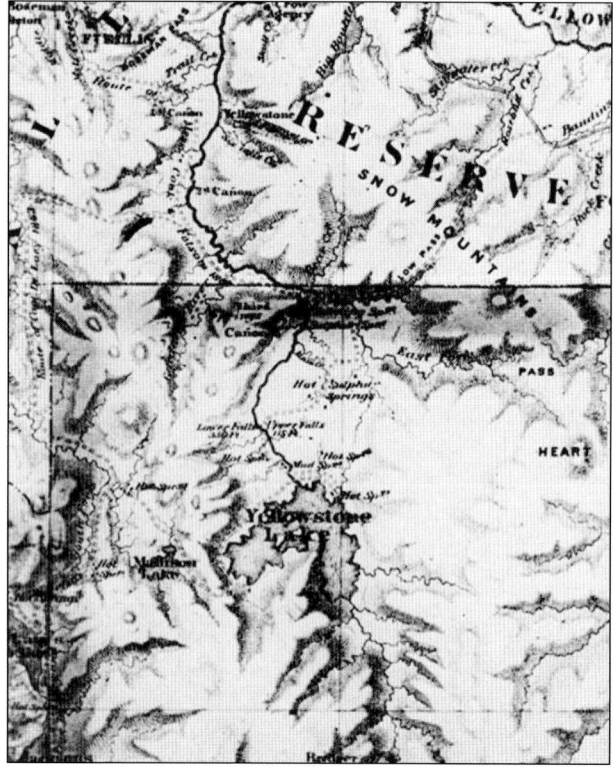

Nathaniel P. Langford (abajo), inspector bancario del Territorio de Montana, se convirtió en uno de los escritores que formaron parte de la expedición de 1870 encabezada por Henry Dana Washburn. Washburn, que por aquel entonces era el topógrafo general del Territorio de Montana, contó con el teniente Gustavus Doane como apoyo militar, el cual se encargó de escribir el informe oficial de la expedición. El artículo escrito por Langford para la *Scribner's Monthly* descubrió las maravillas de la región de Yellowstone al resto del mundo. A diferencia del artículo de Cook, el de Langford incluía una serie de imágenes, fruto del trabajo del artista Thomas Moran, contratado por la *Scribner's* para ilustrar las descripciones de Langford. Esta expedición describió las características naturales, produjo otro mapa y sirvió como plataforma para impulsar a los miembros de la expedición para dar conferencias y escribir más artículos. Langford promovió la idea de convertir Yellowstone en la atracción turística de la Northern Pacific Railroad. Finalmente, el Departamento del Interior nombró a Langford primer superintendente del parque en 1872. (Archivos del Parque Nacional de Yellowstone.)

F. V. Hayden convenció al Congreso que invirtiera 40.000 dólares en una expedición gubernamental a Yellowstone en 1871. Contrató para ello a 30 científicos y a un fotógrafo, William Henry Jackson. El grupo viajó en el recién construido la Union Pacific Railroad hasta Corrine, Utah, donde hicieron un alto para proseguir su viaje en dirección el norte hacia el Territorio de Montana. Esta fotografía tomada en Red Buttes, Wyoming, en 1870, durante la expedición de Hayden, inmortaliza a algunos de los miembros que formaron parte de la expedición a Yellowstone de 1871. (Servicio Geológico de los EE.UU.)

Dentro de la historia del Oeste americano se reconoce a William Henry Jackson como uno de sus mejores fotógrafos. Fue el autor de las fotografías de Yellowstone de 1871 que ayudaron a convencer al Congreso de la conservación de la región como el primer parque nacional del mundo. Durante el resto de su vida, continuó su labor fotográfica dentro del parque. Como muchos de sus contemporáneos, Jackson produjo, más allá de sus fotografías, postales, cuadros y dibujos de su adorado Oeste. (Servicio de Parques Nacionales, Departamento del Interior.)

Esta fotografía tomada por Jackson en 1878 muestra a los miembros de la tercera expedición de Hayden admirando la erupción del géiser Old Faithful. Con el paso del tiempo, el intervalo entre erupciones ha variado de 65 minutos a 95, pero tanto su altura como su duración se han mantenido: 39,6 metros y de 1,5 a 5 minutos. (Archivos del Parque Nacional de Yellowstone.)

El géiser Old Faithful es uno de los elementos naturales más famosos del parque. La expedición de Washburn lo descubrió en 1870 y lo nombró basándose en sus erupciones irregulares. El cráter del Old Faithful, recogido por la fotografía de 1871 de Jackson, sufrió una serie de actos vandálicos posteriormente. Otra fotografía realizada por Jackson 20 años más tarde revela precisamente los resultados de los daños causados por turistas cazadores de recuerdos que se encargaron de destrozar sus preciosas piscinas. (Archivos del Parque Nacional de Yellowstone.)

El artista Thomas Moran inmortalizó Yellowstone y el Lejano Oeste en sus pinturas monumentales. Sus acuarelas y pinturas retrataron la belleza de las zonas desconocidas de Yellowstone de tal manera que los colores que utilizaba bien podían haber servido para dar vida a las fotografías de Jackson. Proclamado "Padre de los Parques Nacionales" en la década de 1930, Moran realizó la famosa pintura titulada *El gran cañón de Yellowstone*, que ahora se encuentra expuesta en el museo Smithsonian. Sus acuarelas y bocetos contribuyeron de forma positiva a la tentativa de crear el primer parque nacional de Estados Unidos a principios de 1872. (Biblioteca de East Hampton.)

Antes de las fotografías de Yellowstone de Jackson, grabados en madera como éste eran las únicas imágenes conocidas y disponibles para el público. Éste, que apareció en la *Scribner's Monthly* de junio de 1871, demostró la imaginación y la capacidad artística de Moran ser capaz de reproducir el géiser Grotto sin haberlo visto previamente. (Archivos del Parque Nacional de Yellowstone.)

Hubo otra expedición de Hayden al vasto territorio de Yellowstone en 1872. Partiendo de la base de la ciencia y los descubrimientos realizados el año anterior, exploró los Grand Tetons. Esta expedición consistió en dos partes: la división norteña exploró Yellowstone y la división sureña exploró la cordillera Tetons. Jackson tomó esta fotografía cuando el grupo se reunió en el Lower Geyser Basin. (Archivos del Parque Nacional de Yellowstone.)

Este exquisito grabado, que ilustró el *Sixth Annual Report* de Hayden, proporcionó un toque de distinción y floritura a sus descubrimientos. Realizada por un artista anónimo, que firmó su trabajo con las iniciales "T. C.", esta sensacional imagen del géiser Grotto, rodeado por otros elementos geotermales, reveló al mundo la inmensidad de las maravillas naturales de Yellowstone. (Archivos del Parque Nacional de Yellowstone.)

Philetus Walter Norris ostentó el puesto de segundo comisario del Parque Nacional de Yellowstone desde 1877 hasta 1882. Se le atribuye el haber abierto vías de acceso a las regiones salvajes de Yellowstone a partir de la construcción de rutas, sus exploraciones y sus detallados informes, contribuyendo con varios volúmenes campo del conocimiento científico e histórico. Sus logros en estos primeros momentos de desarrollo son aún considerados como primordiales por la gran mayoría de historiadores. (Archivos del Parque Nacional de Yellowstone.)

Durante el verano de 1878, P. W. Norris comenzó y terminó de construir la primera carretera que conectaba Mammoth con Old Faithful. En el pie de foto escrito a mano por Jackson se puede leer: "Entrando al Upper Fire Hole Basin, en el Parque Nacional de Yellowstone, en la primera camioneta que circuló. 30 de agosto de 1878". Los nombres escritos de los hombres de la fotografía, de derecha a izquierda, corresponden a 1) Hibbard, "el explorador"; 2) El coronel P. W. Norris; 3) Arnholdt; 4) Sturgis; 5) Stoner; 6) Goodwin; 7) Bullock; 8) Burnham; 9) Daily; 10) Burt; 11) Bottler, conductor y encargado; 12) Cortman?; 13) Gage; 14) Bradley; 15) Monroe; 16) C'wob?. (Archivos del Parque Nacional de Yellowstone.)

James McCartney y Harry Horr construyeron este primitivo hostal así con dos baños públicos en 1871, intentando con ello sacar beneficio de las visitas a los baños termales. Tras presentar con retraso la declaración de las tierras nueve días más tarde el 10 de marzo de 1872, McCartney y Horr fueron declarados ocupantes ilegales del territorio y, por tanto, desalojados de sus propiedades en Mammoth. (Colección de Ole Anderson, Universidad Estatal de Montana.)

Poco después de su descubrimiento, Yellowstone se convirtió en la Meca de los fotógrafos comerciales. Uno de los primeros fue Joshua Crissman, que trabajó desde 1871 hasta 1874. Sacó este estereograma de siete primeros visitantes, entre los que aparecen dos mujeres no identificadas. Hoy en día está prohibido caminar sobre las formaciones. (LC-DIG-stereo-1s01154, Biblioteca de Congreso.)

El fotógrafo comercial John H. Fouch sacó esta fotografía de Mammoth en 1878, convirtiéndose en una de las primeras imágenes de los primeros grupos de civilización. Aparte del hostal y los baños públicos de McCartney, el único desarrollo en Mammoth en aquella época fue esta colección de tiendas de campaña. Solo ocho de las fotografías de Yellowstone de Fouch existen todavía de las, al menos 16 que produjo el propio fotógrafo. (Biblioteca de Congreso.)

El comisario Norris construyó este fortín, el primer edificio administrativo del parque, en 1879. Situado sobre la colina Capitol por cuestiones estratégicas, ya que a Norris le preocupaba sufrir algún ataque por parte de los nativos americanos, la construcción se representaba la primera autoridad real del parque. Conocido por estar casi en estado de abandono, por ser frío y tener corrientes de aire en 1885, se convirtió en lo que se convierten todos los edificios viejos de un parque: la residencia de los empleados. El fortín quedó abandonado en esta cima hasta que fue arrasado un día de invierno de 1909. (Archivos del Parque Nacional de Yellowstone.)

Dos
Dificultades, decisiones y perspectivas 1880–1885

Durante el periodo de 1880–1885, el nuevo Parque de Yellowstone se vio sacudido por una tormenta política. Varios trazadores de líneas de ferrocarril trataban de llegar al lugar; una corporación corrupta trataba de monopolizar las tierras del parque; los visitantes y los empleados se dedicaban a la caza ilegal de animales y a destrozar las formaciones de géiseres; los funcionarios eran incompetentes y corruptos, y prácticamente todos trataban de erigir edificios para convertirlos en hoteles, casas, tiendas y oficinas, en la mayoría de los casos sin los permisos adecuados. En resumen, el abuso era evidente y nadie lo controlaba. El parque contaba por aquel entonces con alrededor de 12 funcionarios solamente. Las escasas regulaciones que existían no tenían peso legal y prácticamente no existía ninguna ley que impidiera el abuso percibido. La policía, tal y como se encontraba, no era numerosa y no tenían autoridad legal. Yellowstone se encontraba tan alejado geográficamente que dichas dificultades tardaron en llegar a oídos del Congreso, y el hecho de que Yellowstone se asentaba en tres territorios diferentes en lugar de uno estado dificultaba la resolución de los asuntos de jurisdicción y administración.

Así se preparó el camino para un periodo de increíble desestabilidad. Los funcionarios del Departamento del Interior despidieron al bueno del comisario P. W. Norris a principios de 1882 y reemplazado por Patrick Conger. Cuando Conger demostró su incompetencia, el Departamento del Interior contrató a Robert Carpenter. Carpenter aduló a los jefes corruptos de los hoteles, permitiéndoles hacer lo que quisieran, y descaradamente mantuvo ciertas zonas de la tierra del parque para su propio beneficio. Por estas acciones fue despedido por el departamento, que contrató a David Wear. Wear realizó una serie de mejoras aceptables durante aproximadamente un año, pero en aquel momento el Congreso estaba harto hastiado debido al desorden político y administrativo del territorio, por lo que convocó una sesión de votación para cerrar el parque de manera definitiva. Afortunadamente, esta tentativa fracasó, pero el Congreso tuvo éxito en lo relativo a interrumpir toda financiación del parque. Afortunadamente, el senador George Vest había incluido una cláusula en una ley de 1883 que permitía al Departamento del Interior recurrir al ejército estadounidense en momentos de dificultad. Atormentado, el Secretario del Interior acudió al Secretario de la Guerra para negociar la toma de Yellowstone por parte del ejército. Este entró Yellowstone el 17 de agosto de 1886.

En este período se había pasado de las dificultades resultado de la toma de una serie de decisiones polémicas, a las visiones de aquellos que buscaban un Yellowstone protegido para el futuro.

G. L. Henderson (1827–1905) llegó a Yellowstone en 1882, con sus cuatro hijas y un hijo, para ser el asistente del comisario del parque. Se mudó a este edificio (a la izquierda), uno de los antiguos edificios de James McCartney, aquel año y lo convirtió en un espacio habitable con su propio dinero. También sirvió como oficina de correos, dirigida por su hija Barbara. Aunque no se puede identificar a nadie en esta fotografía, seguramente son las hijas de Henderson las que aparecen en ella. (Archivos del Parque Nacional de Yellowstone.)

G. L. Henderson, mostrado aquí hacia 1882, comenzó en el parque como asistente del comisario y se convirtió en dueño del Cottage Hotel en Mammoth. Desde ese momento se hizo cargo de sus propias visitas guiadas con su grupo de caballos y diligencias particulares. Poco a poco, se hizo el principal académico, intérprete, narrador de historias y experto sobre Yellowstone. Escribió varias guías y más de 100 artículos periodísticos sobre su periodo en el parque. (Colección de Whittlesey.)

T. W. Ingersoll es el autor de la fotografía del edificio del National (Mammoth Hot Springs) Hotel en 1883, mostrándolo aún con los andamios de la fachada. Tan importante como el hotel es la documentación de la presencia de Ingersoll en el parque por aquellas fechas. (Archivos del Parque Nacional de Yellowstone.)

Hasta la publicación de este libro, los historiadores no sabían que el fotógrafo del Oeste de los Estados Unidos Carleton Watkins (1829–1916) había sacado fotografías del Parque Nacional de Yellowstone. Capturó, desde la parte trasera, esta interesante instantánea del National (Mammoth Hot Springs) Hotel en 1883. El resto de los edificios que se pueden ver en esta excepcional fotografía son viviendas o baños públicos. (Universidad de Yale.)

La visión de Mammoth Hot Springs de Carleton Watkins, fechada en 1883, constituye otra rareza, donde se observa el gran edificio de transporte y la residencia de George Wakefield en el fondo, y los alargados baños públicos de G. L. Henderson a la izquierda de la parte delantera del hotel. (Universidad de Yale.)

Según este editorial del artista W. A. Rogers, publicado el 20 de enero de 1883 en *Harper's Weekly*, muchos estadounidenses no estaban satisfechos con la dirección civil de su parque nacional. Los especuladores llegaron en manada a la atracción turística más reciente de los Estados Unidos y solicitaron arrendamientos para construir cosas tan diversas como un ascensor que bajara hasta la parte inferior de Lower Falls y un sanatorio en Soda Butte. Estas acciones contribuyeron al período de dificultades, decisiones y visiones por el que pasó Yellowstone. (Biblioteca de Congreso.)

La compañía de ferrocarriles Northern Pacific Railroad construyó vías a través las llanuras de Montana, llegando a Livingston en el otoño de 1882. Casi inmediatamente, la vía férrea continuó su camino hacia al sur hacia el parque nacional. El primer tren de pasajeros llegó en septiembre de 1883 a un pueblo nuevo llamado Cinnabar. Esta fotografía muestra la estación y el andén en Cinnabar, última parada de Yellowstone durante 20 años. (Colección de Robert Goss.)

El periódico *Freeborn Country Standard* de Minnesota publicaba el 3 de junio de 1885, "A la convención de conductores de ferrocarril en Minneapolis y St. Paul de esta semana han atendido casi doscientos integrantes de los 'Punch Brothers'. Los banquetes, atracciones, y otras ceremonias están al orden del día." El viernes de esa misma semana el grupo partió con destino a Yellowstone. F. Jay Haynes inmortalizó la "excursión de los conductores" en Mammoth Hot Springs en esta fotografía especial. (Universidad de Yale.)

En su fotografía número 3536, F. Jay Haynes capturó a un asistente, James Parris, fotografiando un hombre en la Minerva Terrace en 1883. Al fondo, se ve el caserío de Mammoth en construcción, incluyendo el nuevo National Hotel. El National Hotel se encuentra la extensa casa de baños de G. L. Henderson. En el extremo izquierdo estaba la tienda de campaña de Ole Anderson y a su derecha la casa, oficina de correos y granero de los Henderson. La mayoría del resto de los edificios mostrados son viviendas desconocidas. Hoy está prohibido andar sobre las formaciones. (Archivos del Parque Nacional de Yellowstone.)

Esta fotografía única de T. W. Ingersoll muestra la casa de baños de G. L. Henderson, construida en 1882 o 1883. Esta tuvo una corta existencia, ya que el comisario del parque David Wear obligó a Henderson de demolerla en 1885. (Colección de Bob Berry.)

Ole Anderson (1857–1915) llegó a Yellowstone en 1883 para involucrarse en lo que él llamaba el "comercio de magnesia cristalizada". Esto significó que se dedicó a cubrir las herraduras y otros objetos con caliza de manantial termal y a venderlos como "especímenes recubiertos". Se casó con Christina Granlund (mostrada aquí en la fotografía de su boda) en 1891 y se quedaron en el parque hasta 1908. (Colección de Robert Goss.)

La primera tienda de campaña con especímenes recubiertos de Ole Anderson (1883) estaba situada en la ladera donde hoy se encuentra la casa del juez. En 1888 tuvo que trasladarse a un lugar más próximo a Hymen Terrace para así estar más cerca de los manantiales donde cubría dichos especímenes, aunque posteriormente regresó al lugar donde se había asentado originalmente, donde estableció su Specimen House (1896). En esta fotografía (fecha desconocida) nos encontramos con Andy Wald a la derecha, Ole Anderson en el centro y se desconoce la identidad del hombre de la izquierda. (Doris Whithorn, *Pics and Quotes*.)

En otra fotografía desconocida hasta el momento de Carleton Watkins, se muestran especímenes recubiertos en el año 1883, que fueron enterrados paulatinamente por el travertino. Algunos especímenes cubiertos no fueron nunca reclamados, así que quedaron enterrados bajo la caliza. Esta actividad está prohibida hoy. (Universidad de Yale.)

Un espécimen cubierto adornado—una herradura decorada de la colección familiar de Ole Anderson—sobrevivió y fue fotografiada en 2004. Dichos objetos se hicieron en el parque en Mammoth desde la década de 1870 hasta al menos 1906. (Colección de Robert Goss.)

F. Jay Haynes (1858–1921) fue el fotógrafo oficial de la Northern Pacific Railroad en 1881 y llegó a Yellowstone ese mismo año. Fascinado por el paisaje, permaneció allí toda su vida. Haynes produjo la serie de guías llamadas las *Haynes Guides* y fundó la compañía Monida and Yellowstone Stage Company en 1898. Él y su hijo crearon una "dinastía Yellowstone" que duró 81 años. (Colección de Whittlesey.)

A partir de 1884, los visitantes y los empleados del parque nombraron a F. Jay Haynes fotógrafo oficial del parque cuando construyó este edificio que convirtió en su casa, estudio y tienda frente al National (Mammoth Hot Springs) Hotel. Su hijo Jack tomó el mando de la empresa en 1916 y la dirigió hasta 1962. (Archivos del Parque Nacional de Yellowstone.)

Libby Wakefield (a la izquierda), la hija del operador de diligencias George Wakefield, fue conocida como la "Belle de Yellowstone" durante el periodo que pasó su familia en el parque, de 1883 hasta 1892. Ella y una amiga (sin identificar) posaron junto al árbol del fotógrafo Frank Haynes, un junípero cerca de su casa que usaba constantemente como fondo para sus fotografías. Libby se casó con el doctor S. F. Way, uno de los conductores de diligencias de los Wakefield. El "Doc" Way formó a los conductores de diligencias de la Yellowstone Park Transportation Company y, posteriormente, entrenó a los conductores de buses. (Archivos del Parque Nacional de Yellowstone.)

El fotógrafo Carleton Watkins capturó de manera creativa la belleza de la Minerva Terrace y la adorable mirada de dos gentiles visitantes del parque en esta fotografía de 1883 en el manantial termal Mammoth Hot Springs. Ahora, está prohibido estar de pie en las terrazas. (Universidad de Yale.)

Los primeros alojamientos en Yellowstone eran toscos. Thomas Rutter sacó esta fotografía, la única imagen conocida del segundo hotel del parque. George Marshall construyó esta primera iteración del Marshall's Hotel en 1880 en la orilla occidental del río Firehole al pie de una loma donde la ruta del comisario Norris sería construida un año después. Marshall sustituyó este edificio en 1884 por otro en el lado este del río. (Colección de Bob Berry.)

El Firehole Hotel (anteriormente llamado Marshall's) era un lugar muy concurrido en 1885 cuando T. W. Ingersoll sacó esta fotografía de 19 personas y tres carros. "Hombres a caballo corren de acá para allá" escribió Bird Grinnell en 1884 en su descripción de los carruajes, sábanas, tiendas y la cantidad de personas que convivían en el lugar. El hotel acogió visitantes hasta 1891 cuando el Fountain Hotel abrió a 1,6 kilómetros al este. (Universidad de Yale.)

El campamento de la empresa Yellowstone National Park Improvement Company fue construido en Old Faithful en 1883, así como los de Canyon, Lake y Norris. Estos fueron los primeros intentos realizados para ofrecer alojamiento en lugares al sur de Mammoth. El presidente Chester A. Arthur se alojó cerca o parcialmente en el mismo sitio aquel año, y por ello se han identificado estas tiendas de campaña como en las que residió. Es probable que esta fotografía muestre tanto suyas como las que no le pertenecen. (Archivos del Parque Nacional de Yellowstone.)

El Shack Hotel, construido (y mostrado aquí) en 1885, fue el primer hotel auténtico de Old Faithful. Condenado de manera rotunda por casi todos, sirvió a los visitantes hasta 1894, año en el que se quemó. El viajero Eliza Upham se quejó en 1892 de que "no hay ni pintura ni papel pintado en las habitaciones y los muros tampoco están enyesados, únicamente hay un grueso papel clavado a los listones con gruesas tachuelas, y se pueden escuchar fácilmente las conversaciones de los huéspedes de habitaciones contiguas." (Archivos del Parque Nacional de Yellowstone.)

Las ornamentaciones esféricas que decoran el Castle Geyser, que se muestran en esta fotografía de Jackson de 1871, desaparecieron rápidamente, víctimas de los buscadores de souvenir, que los cincelaron con palas, picos y palancas, para luego lanzarlas de cualquier manera a sus carromatos. Actividades como estas fueron una de las razones que llevaron a requerir los servicios del ejército estadounidense como protector del parque nacional en 1886. (Servicio Geológico de los EE.UU.)

El Castle Geyser fue adorado por los visitantes desde los primeros días debido a la semejanza de su cono a la forma de un castillo y la altura de sus erupciones, que llegaban a alcanzar los 30 metros. Cuando se compara este estereoscópico de Ingersoll de la década de 1880 con la fotografía de Jackson de arriba, la pérdida de los yacimientos adornados es evidente. Hoy está prohibido permanecer de pie sobre las formaciones. (Archivos del Parque Nacional de Yellowstone.)

El manantial Chinaman Spring fue nombrado así en 1885, cuando un hombre emprendedor de China construyó esta tienda de campaña sobre el manantial para usar su agua caliente para lavar su ropa. Su aventura tuvo como resultado una historia fantástica que fue contada por varias generaciones de guías turísticos del parque, donde el manantial "lo hizo volar hasta Shangái" cuando parte del jabón cayó en el interior del géiser. Sea o no cierta la historia, la presencia de su colada fue la responsable de la existencia de al menos tres artículos en la década de 1880 que denunciaban la muerte de cuatro lavanderos chinos tras la erupción del manantial. (Doris Whithorn, *Pics and Quotes*.)

Henry Bird Calfee sacó esta fotografía de visitantes en el Giant Geyser en 1881, justo a tiempo para que uno de los viajeros, Wilbur E. Sanders, mencionara que su grupo también estaba en la fotografía. Calculaba que había presentes alrededor de 50 personas. Hoy está prohibido andar sobre las formaciones. (Archivos del Parque Nacional de Yellowstone.)

El fotógrafo T. W. Ingersoll tomó esta fotografía de uno de los asistentes del superintendente del parque y del carro y ayudante de Ingersoll, probablemente alrededor de 1884. El géiser que entra en erupción en primer plano era el Sulphur Spring, que por aquel entonces era un lugar muy visitado ya que estaba localizado en la ruta que atravesaba el Crater Hills en Hayden Valley. El géiser llevaba posteriormente el nombre de Crater Hills. No se ha logrado identificar al funcionario del parque que lo guiaba. (Universidad de Yale.)

Los primeros viajeros en Canyon encontraron ciertas dificultades para atravesar el barranco de Cascade Creek para poder acceder a lugares de interés paisajístico en el borde norte del cañón. El comisario Norris construyó este puente entre 1880 y 1881 para permitir el acceso a vista dichos puntos y al sitio preferido de Norris en el parque: las cataratas de Crystal Falls y Grotto Pool. Posteriormente, un cruce ligeramente diferente se convirtió en un inmenso puente de metal que perduró hasta la década de 1930. (Ingersoll, Universidad de Yale.)

Esta fotografía pirateada de una empresa especializada en estereoscópicos llamada The Canvassers es importante, ya que muestra la comisaria original en Soda Butte construida por el comisario Patrick Conger en 1884 para sus asistentes superintendentes. Cuando esta fotografía fue sacada en 1886 o 1887, sabemos que se usaba el edificio como una oficina de correos, ya que se ve James A. Clark en la fotografía (con su mujer y su hijo), el cual tenía un contrato postal en aquella época. (Archivos del Parque Nacional de Yellowstone.)

James A. Clark construyó una cabaña en Mammoth en 1883 y luego se dejó llevar hacia el negocio de guiar y transportar turistas por el parque. En 1885, recibió un préstamo para "hotel y anexos", pero evidentemente solo construyó un granero y unas tiendas de campaña. El periódico *Livingston Enterprise* escribió en 1885 que "el pueblo de Clark está situado a los pies de la colina Capitol, y estás compuesto por cinco casas y varias tiendas de campaña". Clark lo vendió todo a la Yellowstone Park Association. (Archivos del Parque Nacional de Yellowstone.)

Tres

EL CAMBIO EN LOS GUARDIAS 1886–1897

Durante el periodo entre 1886 y 1897, se empezó a proteger el Yellowstone mientras el statu quo mejoraba radicalmente. El ejército estadounidense tomó el mando del parque, la empresa corrupta de hoteles se declaró en quiebra y funcionarios corporativos lo reorganizaron como la Yellowstone Park Association. Los cuerpos de seguridad en el parque pasaron de ser inexistentes a estar legislados por la Ley Lacey. El Congreso llamó al juez Robert Meldrum para presidir el primer procedimiento judicial real.

El ejército estadounidense entró en Yellowstone debido a la corrupción e incompetencia de los oficiales civiles y las complejas dificultades administrativas que incluían cazas ilegales, vandalismo y problemas con los propietarios del parque. El ejército no debería haber permanecido en Yellowstone durante mucho tiempo, pero se quedó durante 32 años y según la mayoría de historiadores realizó un trabajo fiable y eficaz. Con su ejecución de leyes, los soldados del parque establecieron el orden donde antes había caos, ya que pararon la caza ilegal y el vandalismo, impidieron los fuegos en el bosque, supervisaron al personal de los hoteles y otros propietarios, y poco a poco el ejército se fue adaptando a su rol de proteger el parque, de la misma manera que lo harían los guardabosques posteriormente. La Yellowstone Park Improvement Company, en bancarrota, sobrevivió a duras penas entre 1884 y 1885, y sus oficiales declararon su inocencia una vez fueron forzados a abandonar el parque. El hotelero Charles Gibson reorganizó la empresa en 1886 para que fuera estable económicamente e intentó cumplir con las leyes del Departamento del Interior. Construyó grandes hoteles en lugar de las anteriores tiendas de campaña y contrató a funcionarios que se preocupaban por el servicio al público.

El Congreso aprobó la Ley Lacey en 1894 y nombró a Robert Meldrum primer comisario estadounidense. A partir de ese momento, fue ilegal cazar animales y pájaros en Yellowstone, y los castigos consistían en penas de cárcel y cuantiosas multas. El ejército ejecutó dicha ley encarcelando a los infractores, generalmente tras hacerlos caminar varios kilómetros a pie.

Por ello, este periodo representó un "cambio en los guardias" en Yellowstone, ya fueran estos guardias administradores del parque, propietarios o los que ejecutaron y determinaron las leyes impuestas en el parque.

Aquí se ve el cómo ejército estadounidense entra en la sede central del parque en Mammoth Hot Springs y es recibido por los residentes de Mammoth. Tanto la ocasión como el año de esta fotografía son desconocidos, pero tiene que haber ocurrido después de 1886, ya que la acera aparentemente no existía por aquel entonces. (Archivos del Parque Nacional de Yellowstone.)

Los soldados instalaron el campamento Sheridan en la base de la Marble Terrace en 1886, ya que esta zona era la que el ejército consideraba que tenía que proteger. Estos edificios se mantuvieron hasta 1915, mucho después de que el ejército finalizara la construcción del futuro establecimiento del Fort Yellowstone. Aquí (hacia 1895) vemos la gran casa ocupada por el comisario del parque George S. Anderson, llamada "la colmena" por la frenética actividad que ocurría en ella. (Archivos del Parque Nacional de Yellowstone.)

Fort Yellowstone, mostrado aquí hacia 1897, comenzó como el puesto para una tropa y fue ampliado para albergar cuatro tropas (400 hombres) en 1910. Las tiendas de campaña en el fondo indican probablemente que el ejército no tenía suficientes viviendas para sus tropas en el momento en el que se tomó esta fotografía. El cañón a la izquierda es el "cañón del anochecer", que fue disparado cada noche al anochecer desde este lugar en la cumbre de la colina Capitol. (Archivos del Parque Nacional de Yellowstone.)

El teniente Herbert E. Tutherly está de pie a la izquierda y el pagador del ejército es el caballero fornido en el centro. F. Jay Haynes sacó esta fotografía en 1886 en el recién construido puente de Golden Gate. Los hombres a caballos eran las guardias del pagador, y la mujer y el chico a la derecha eran la mujer de Tutherly, Maroa, y su hijo George. (Colección de Whittlesey.)

Esta estructura tosca era un ejemplo de las cabinas primitivas al estilo de "raquetas para la nieve" donde se alojaron los soldados de Fort Yellowstone durante su patrulla de caza ilegal en el campo de Yellowstone. Introducidas en 1889, estas cabinas en muchos casos tenían apenas bastante espacio para que durmieran dos hombres y una primitiva chimenea. La ubicación de esta cabina no es conocida pero una nota en el reverso de la fotografía constata que era el puesto Mud Volcano. (Archivos del Parque Nacional de Yellowstone.)

Frank J. Haynes sacó esta fotografía a principios de 1894 en el momento que los soldados Felix Burgess y el sargento Troika (al centro) capturaron a este notario cazador ilegal de bisontes americanos, Edgar Howell (a la derecha). El hombre a la izquierda era probablemente Emerson Hough, un periodista conocido a nivel nacional que estaba viajando con Haynes cuando se encontraron con los soldados. Con las fotografías de Haynes y el artículo de Hough publicados en la revista *Forest and Stream*, el Congreso tenía la prueba que necesitaba para aprobar la Ley Lacey, el primer estatuto federal que protegía la naturaleza de Yellowstone. (Archivos del Parque Nacional de Yellowstone.)

G. L. Henderson se enamoró rápidamente de Yellowstone y de mostrárselo a los visitantes, hasta tal punto que se convirtió en el primer auténtico intérprete del parque. Durante sus 20 años en Yellowstone, construyó el Cottage Hotel, dirigió visitas a bordo de sus propias diligencias y presionó en Washington a favor de la empresa de hoteles del parque. Aquí posa con una turista no identificada y dos chicas en el Sponge Geyser alrededor de 1885. (Universidad de Wyoming.)

G. L. Henderson, el primer intérprete con autoridad, estrecha la mano de un miembro del grupo de William McClintock de Ohio en Liberty Cap, probablemente en 1887. Se puede ver el Cottage Hotel al fondo a la izquierda y el National Hotel al fondo a la derecha. (Archivos del Parque Nacional de Yellowstone.)

Aquí se ve a dos de los chóferes de G. L. Henderson conduciendo sus "elegantes carruajes Quincy", tirados por caballos y cubiertos por una mosquitera. El Cottage Hotel de Henderson está en la parte de atrás a la izquierda. Su hijo y él lo construyeron en 1885 y lo vendió a la Yellowstone Park Association en 1889. (Colección de Whittlesey.)

El Cottage Hotel, mostrado alrededor de 1888, fue construido en 1885 cerca del lugar de la actual estación de servicio de Mammoth. El hotel fue construido por G. L. Henderson, su hijo Walter y sus hijas Barbara, Helen, Jennie y Mary. Funcionó como hotel hasta alrededor de 1910, cuando se convirtió en una residencia para empleados del parque hasta que fue demolido en 1964. (Archivos del Parque Nacional de Yellowstone.)

En el Firehole Hotel en Lower Geyser Basin (anteriormente Marshall's Hotel), funcionarios de la Yellowstone Park Association construyeron dos nuevas cabañas en 1887. Aquí se puede ver una de estas, a la derecha, complementadas de la misma manera que ocurría con varios de los primeros hoteles en el parque, con tiendas de campaña. Esta fotografía, sacada en 1890, muestra al grupo de Edward Burton McDowell de pie al lado de las tiendas de campaña. El Firehole Hotel cerró después de la temporada turística de 1891, y fue sustituido por el nuevo Fountain Hotel a 3,2 kilómetros al este. (Colección de Jeff Selleck.)

El grupo de Edward Burton McDowell de 1890 sacó esta fotografía de tres de ellos en el manantial termal Hygeia Spring en Firehole Hotel en Lower Geyser Basin. El edificio principal del Firehole Hotel está en la parte de atrás y una de las cabañas está a la derecha. Los visitantes al hotel se bañaron en las aguas calientes del manantial termal, cuyo el nombre fue inspirado por la diosa griega de la salud. (Colección de Jeff Selleck.)

El Fountain Hotel mostrado aquí poco después de su apertura en 1891, estaba justo al norte del actual Fountain Paint Pot. Leather Pool, mostrada en la parte inferior de esta imagen, suministró agua caliente a los baños a través de un oleoducto. Se puede ver la zanja por el prado. El Fountain Hotel sirvió a los visitantes que viajaban en diligencias a lo largo del verano de 1916. Los funcionarios lo cerraron en 1917 y quemaron el edificio abandonado. (Colección de Whittlesey.)

El vertedero justo al norte del Fountain Hotel se hizo famoso después de que abriera el hotel en 1891 debido al gran número de osos que lo frecuentaron. Los porteros en los hoteles ganaron propinas adicionales cuando llevaron a varios visitantes hasta el lugar para que vieran espectáculos de osos como este en 1899. El naturalista Ernest Thompson Seton fotografió y estudió los osos aquí en 1897 y de nuevo en 1912 para su libro *Wild Animals at Home*. (Colección de Watry.)

Probablemente el más famoso los osos del vertedero del Fountain Hotel era éste, que fue fotografiado, con algunos tarros vacíos a sus pies, entre 1893 y 1899 por el hijo del director del hotel E. J. Westlake. Después de la primera publicación de la fotografía, el dueño de la Yellowstone Park Association colocó al oso en el centro de tres círculos rojo, blanco y azul, creando el logotipo (abajo) tanto para la Yellowstone Park Association, como para la empresa de transportes Yellowstone Park Transportation Company. (Sociedad Histórica de Montana.)

El logotipo del oso de la Yellowstone Park Association apareció en la papelería del hotel a partir de 1905 pero puede que fuera usado antes. Un folleto de la empresa de 1905 constató que "El oso que le mira de manera burlona desde el forro de este folleto era un 'oso del Fountain' . . . Se lo ha adoptado como símbolo para representar el parque de Yellowstone". Es usado aún hoy en día. (Colección de Robert Goss.)

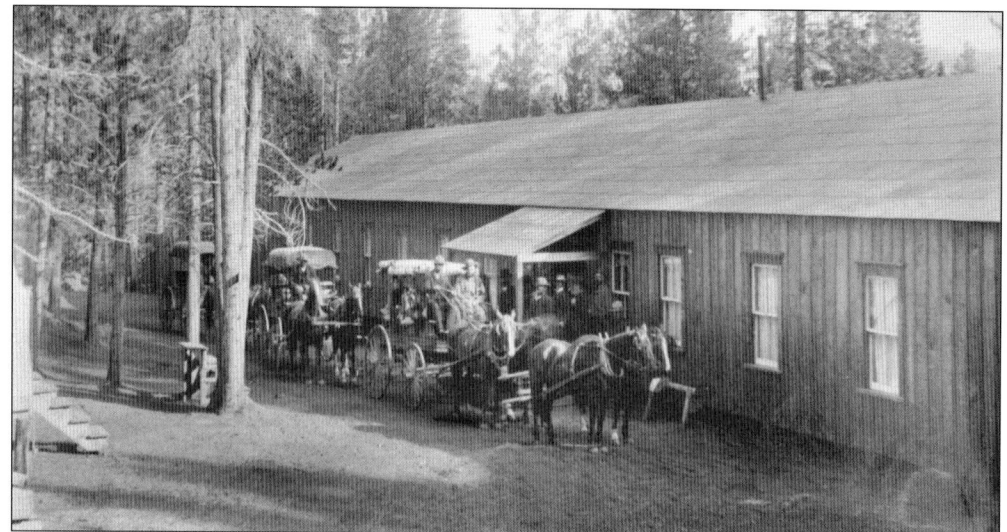

La empresa que promovió la mejora de Yellowstone, la Yellowstone National Park Improvement Company, construyó este edificio, el primer hotel en Canyon, en 1886 al borde de Upper Falls. El edificio, mostrado aquí en 1889, estaba en ruinas y como resultado los visitantes solían quejarse al respecto. La empresa lo sustituyó en 1890 por el segundo Canyon Hotel, al norte del cañón. Un tercer Canyon Hotel fue construido posteriormente. (Archivos del Parque Nacional de Yellowstone.)

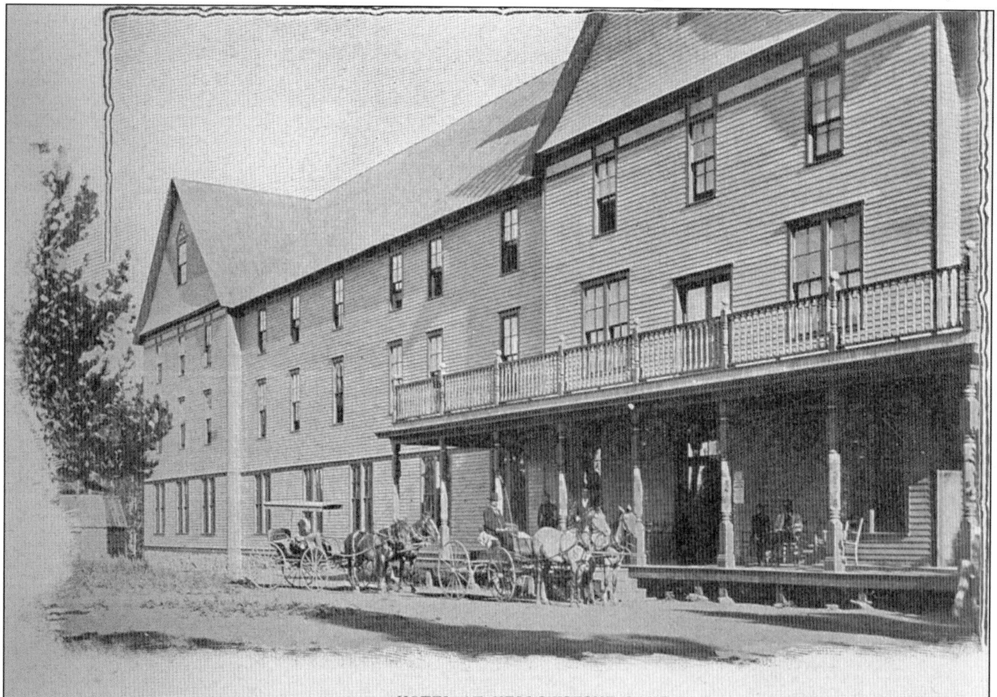

HOTEL AT YELLOWSTONE LAKE.

La Yellowstone Park Association abrió el Lake Hotel (que existe todavía) en 1891 en un sitio que era, en aquella época, inaccesible. Un visitante aquel año admitió que el lago de Yellowstone era precioso y el hotel nuevo, pero se preguntó "¿Valió la pena aquel horrible viaje?" El Lake Hotel, mostrado aquí en 1896, fue remodelado en 1903–1904 con enormes columnas iónicas lo que le dio su apariencia colonial de hoy. (*John L. Stoddard's Lectures.*)

Norris fue un lugar donde se incendiaron los hoteles. Hubo tiendas de campaña desde 1883 hasta 1886, y el gran hotel que se construyó allí en 1886 se incendió en 1887. Se instalaron de nuevo tiendas de campaña hasta que la Yellowstone Park Association las sustituyó por este hotel (el segundo de Norris) en 1887. Mostrado aquí en 1890, era básicamente una cafetería con algunas habitaciones. Se incendió en 1892 y Larry Matthews dirigió un tercer hotel de tiendas de campaña y de madera hasta 1901, cuando abrió el cuarto hotel de Norris. (Colección de Jeff Selleck.)

La cafetería Larry's Lunch Station—el tercer hotel de Norris—fue dirigido por Larry Matthews de 1893 hasta 1900. Larry combinó la hospitalidad irlandesa con su sentido de humor, gracias al cual los visitantes solían reír tanto que olvidaban la frugalidad de las comidas y del alojamiento. "No dejen caer comida en la alfombra" decía Larry a los clientes de su hotel de suelos sucios. En esta fotografía, Larry y su hija Lizzie (al centro hacia el fondo) observan cómo sus empleados sirven una comida a los visitantes de diligencia en 1896. (*John L. Stoddard's Lectures*.)

"CALAMITY-JANE"

La cafetería Larry's Lunch Station dio la bienvenida a muchos visitantes conocidos, como el antiguo presidente Benjamin Harrison, el Portavoz de la Cámara David Henderson y el jefe Apache Geronimo. En esta imagen, Larry y su hija se ríen con Marta "Juana Calamidad" Canary, que entonces vivía en el pueblo cercano de Livingston, Montana. El académico nacional John L. Stoddard, que estaba presente en ese momento, sacó esta fotografía en 1896. (John L. Stoddard's Lectures.)

El geólogo Arnold Hague y sus empleados del Servicio Geológico de los Estados Unidos estudiaron Yellowstone cada verano desde 1883 hasta 1902. Aquí posaron cerca del actual campamento de Norris en el Gibbon River con la cafetería Larry's Lunch Station al fondo, un día en la década de 1890. (Archivos del Parque Nacional de Yellowstone.)

Un tren de la Northern Pacific Railroad sale de Cinnabar, Montana, en 1896. Cinnabar fue la única estación terminal hasta que las vías fueron extendidas hasta Gardiner, en el estado de Montana, en 1902. Antes de la década de 1940, Yellowstone era un lugar al cual la mayoría de los visitantes solía acceder en tren, para luego explorar el parque en diligencias o en autobuses. No fue hasta 1946 cuando la mayoría de los visitantes se desplazaban al parque en sus propios coches. (Sociedad Histórica de Montana.)

Cinnabar, Montana, mostrada aquí en 1896, fue la única estación terminal hasta 1902. Hoy es un pueblo muerto y existió como pueblecito durante solo 20 años (con 92 habitantes en 1900), donde los visitantes se bajaban del tren y luego se subían en las diligencias para la visita guiada por el parque. Esta fotografía, sacada por el académico nacional Burton Holmes, muestra a los visitantes montándose en un autocar al lado de un puesto de venta de souvenir del parque. (*Burton Holmes Travelogues.*)

Los funcionarios de la Northern Pacific Railroad visitaron Mammoth Hot Springs en 1889. El presidente Henry Villard (en la primera fila, tercero empezando por la derecha con un sombrero sobre su pierna) supervisó la construcción de la entrada norte de Yellowstone en 1883, pero tuvo una serie de problemas a causa de su presupuesto de promoción. En 1889 los funcionarios habían vuelto a ganarse el favor del parque y podía visitarlo junto con otros funcionarios. En esta fotografía, únicamente se puede identificar a Villard. El hombre negro que se encuentra de pie a la derecha era probablemente el maletero principal de la Northern Pacific Railroad. (Sociedad Histórica de Minnesota.)

De 1883 hasta 1948, la Northern Pacific Railroad gastó mucho dinero en publicitar Yellowstone, produciendo panfletos y volantes como éste de 1889. La National Pacific Railroad promovió el parque como el "País de las Maravillas", inspirado por el libro de Lewis Carroll, *Alicia en el País de las Maravillas*, publicado unos años antes de que Yellowstone llegara a ser un parque nacional en 1872. (*Harper's Magazine Advertiser*, colección de Watry.)

Quatro

Construcción, campamentos y camaradería
1898–1909

Durante este periodo, el ejército estadounidense y operadores privados tanto dentro como fuera del Yellowstone se acostumbraron a ocuparse de los turistas. Los empleados del parque descubrieron su vocación en la construcción y la mejora de hoteles, la creación de campamentos, y la actualización de empresas de diligencia. El gobierno mejoró las infraestructuras necesarias y deseables en el parque. Y el sector privado fuera del parque mejoró las instalaciones de las comunidades de acceso para reforzar las mejoras dentro del parque. Los visitantes al parque se acostumbraron a la camaradería existente en las distintas empresas de diligencias, mientras realizaban la "Gran Visita Guiada".

La Yellowstone Park Association (posteriormente la Yellowstone Park Hotel Company) construyó lo que iba a convertirse en el mundialmente famoso Old Faithful Inn. Además, construyó un cuarto hotel en Norris y remodeló completamente el Lake Hotel, dándole ese estilo colonial que finalmente lo hizo famoso. La Northern Pacific Railroad extendió sus vías de Cinnabar hasta Gardiner, en Montana, lo que provocó la destrucción económica de Cinnabar y la mejora de Gardiner, y construyó un terminal en Gardiner para dar la bienvenida a los nuevos visitantes. La Union Pacific Railroad, otra compañía ferroviaria, extendió sus vías hacia el norte, hacia la entrada occidental del parque. W. W. Wylie, tras el éxito de sus campamentos móviles en el parque, recibió un permiso de dos años, introdujo a su empresa Wylie Camping Company, y construyó seis campamentos permanentes por todo el parque. Wylie lo vendió todo a A. W. Miles en 1905, quien inmediatamente recibió el permiso de 10 años y construyó un campamento en lo que iba a ser el Roosevelt Lodge. Amos Shaw y L. D. Powell fundaron su empresa de campamento, la Shaw and Powell Camping Company, en 1898 con campamentos móviles, y poco después de aquella época, las empresas de campamento Lycan, Bryant, Old Faithful y Holm buscaban hacer negocio del turismo del parque. También en 1898, Frank Haynes inauguró su empresa de diligencias Monida and Yellowstone Stagecoach Company, que transportaba a los visitantes desde la entrada occidental en diligencias rojas con nombres. Estas contrastaban con las diligencias amarillas de la Yellowstone Park Transportation Company de la entrada norte, que solo llevaban números. La Yellowstone Park Transportation Company, la mayor empresa de diligencias, sirvió a los visitantes de los hoteles con una multitud de caballos, cocheras y conductores. Wylie, Shaw y todas las demás empresas de tiendas de campaña dirigieron sus propias diligencias, así como el alojamiento. El ejército estadounidense construyó el Arco de Roosevelt en la entrada del norte del parque e incrementó el número de edificios en Fort Yellowstone para hospedar a 400 hombres.

La publicidad de la Yellowstone Park Association en el folleto "Donde los géiseres salen a chorros" de la Union Pacific, promovió los cuatro hoteles "modernos" que había en el parque en 1899. Publicidad como ésta representó (y promovió) la expansión paulatina de las instalaciones en el parque. La alusión a los hoteles en "Fountain, Lake, Canyon y Mammoth" no incluyó ningún hotel en Old Faithful ya que la instalación allí estaba inacabada hasta que abrió el hotel Old Faithful Inn en 1904. (Colección de Watry.)

Mammoth Hot Springs Hotel, que se llamaba originalmente National Hotel, tenía este aspecto hacia 1904. Aquí se ve cómo una diligencia con seis caballos llega sobrecargada, como solía ocurrir, y levantando una nube polvo. (Archivos del Parque Nacional de Yellowstone.)

El Fountain Hotel (1891–1916) fue un lugar lleno de actividad cuando fue sacada esta fotografía en 1899 por un grupo inidentificable que nos dejó con un álbum de sus viajes. El hotel estaba ubicado en una zona idílica del Lower Geyser Basin, que tomó su nombre del Fountain Geyser. Este último, que entró en erupción con bastante frecuencia a lo largo del siglo XIX, también dio su nombre los cercanos Fountain Flats, Fountain Paint Pot y Fountain Soldier Station. (Archivos del Parque Nacional de Yellowstone.)

El Lake Hotel, mostrado aquí en 1905 tras su renovación del año anterior, les recordó a algunos visitantes a la Casa Blanca. Sus columnas griegas iónicas y su exterior pintado de un amarillo suave lo convirtieron en un elemento atípico para una zona selvática, pero esta decoración sobrevivió hasta finales del siglo XX y ha perdurado hasta hoy, después de haber surgido de hoteles que se encontraban en la zona oriental, en colinas frente al océano. Inicialmente el Lake Hotel contaba con un pequeño mirador en su tejado. (Archivos del Parque Nacional de Yellowstone.)

El segundo Canyon Hotel, fotografiado aquí por F. Jay Haynes cuando estaba sin estrenar, abrió por primera vez para la temporada de 1890. Una estructura poco atractiva al estilo de una granja, estaba un poco por encima del lugar del tercer Canyon Hotel y fue incorporado a este cuando Robert Reamer construyó el último en el invierno de 1910–1911. (Archivos del Parque Nacional de Yellowstone.)

Esta fotografía, probablemente etiquetada cuando fue sacada el 5 de junio de 1904, capturó a los empleados del Canyon Hotel encima de un banco de nieve. La idea de que Canyon, con una altitud de más de 2.400 metros, podía en aquella época recibir nieve en el mes de junio era (y lo sigue siendo) un concepto tanto nuevo como fascinante para muchos de los visitantes. (Archivos del Parque Nacional de Yellowstone.)

Esta fotografía, sacada en 1908, fue usada por la Wylie Camping Company para promover sus campamentos en la campaña publicitaria de antes de 1915. No se sabe dónde está ubicado el campamento hoy, pero la fotografía fue sacada por Harry Shipler de Salt Lake City. (Universidad de Utah.)

La tienda de campaña de la matrona en el Wylie Camp en Swan Lake Flats fue inmortalizada en esta fotografía de Shipler de 1909. En un anuncio en el árbol se leía "Hogan's Alley" lo que rendía homenaje a la práctica de los empleados de dar nombres a las calles en los campamentos. La empresa Wylie Camping Company usó fotografías como esta para su promoción en folletos publicitarios. (Universidad de Utah.)

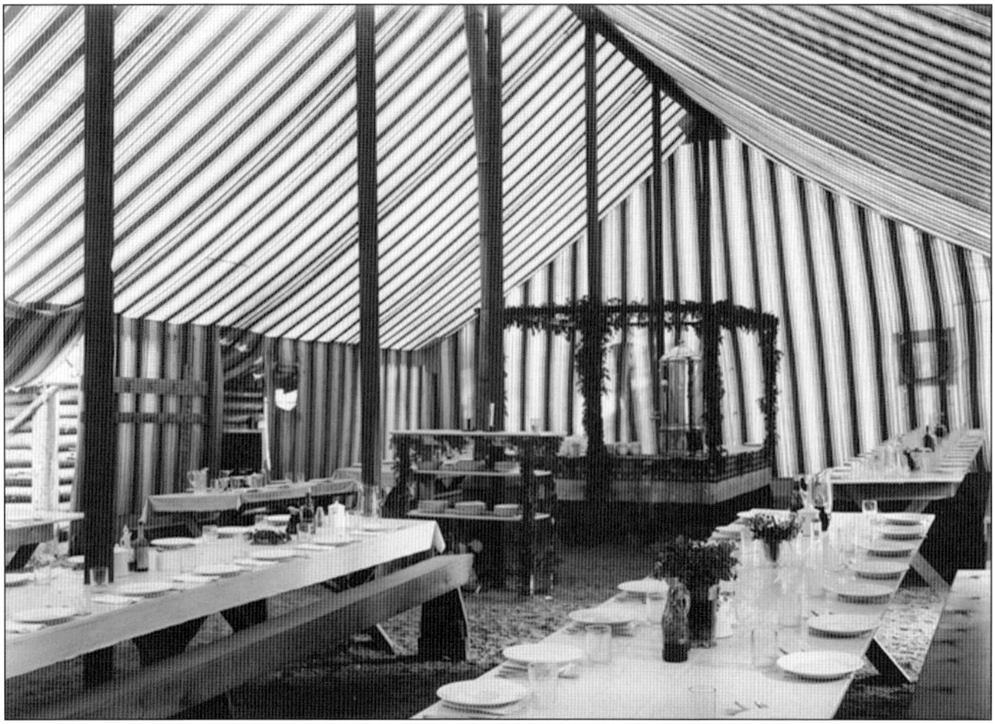

Harry Shipler sacó esta fotografía del interior de la tienda de campaña con el comedor de la Wylie Camping Company en Canyon en 1909. Shipler fue un fotógrafo comercial de Salt Lake City que la empresa contrató para sacar las fotografías del campamento con el objetivo de que fueran utilizadas en la publicidad. (Archivos del Parque Nacional de Yellowstone.)

Los visitantes en el porche del Wylie Hotel en Gardiner, Montana, esperan a las diligencias de Wylie alrededor de 1905. W. W. Wylie de la Wylie Camping Company compró las tierras a la Northern Pacific Railroad en 1903 y construyó su hotel aquel mismo año, ya que aparece en fotografías junto a la recién fundada tienda de W. A. Hall en 1903. (Archivos del Parque Nacional de Yellowstone.)

Cinnabar, Montana, fue capturado aquí hacia 1901 en una de las pocas fotografías existentes del pueblecito que muestra sus edificios en primer plano. Cinnabar murió en 1902 cuando la Northern Pacific Railroad extendió las vías hasta Gardiner, y un desagradable periodista constató lo siguiente: "Menos mal que se borrará este maldito pueblo del mapa en cuanto nos vayamos. Para mí es un misterio el hecho de que estuviera en él desde un primer momento". Sin embargo, para sus propios residentes, Cinnabar era idílico. (Fotografía de Norman Foster, 2003.83.1.16, Museo de Gene Autry, Los Angeles.)

Trabajadores del propio Gardiner construyeron la primera cochera de trenes del pueblo cerca del nuevo Arco de Roosevelt en 1903. Según la leyenda y la declaración indocumentada de un historiador, el depósito ha sido vinculado al arquitecto Robert Reamer, pero no hay prueba de esta supuesta conexión. La ornamentada estación, hecha de troncos, existió aproximadamente hasta 1956, cuando la vía férrea Burlington Railroad (la sucesora de la Northern Pacific) construyó la estación de cargamento que hoy funciona como la biblioteca del pueblo. (Archivos del Parque Nacional de Yellowstone.)

En esta vista estereoscópica de Underwood, un tren de pasajeros del Northern Pacific llega al depósito de Gardiner, probablemente hacia 1904, mientras que dos conductores y sus vagones esperan su descarga. Se puede ver la Sepulcher Mountain al fondo. (Archivos del Parque Nacional de Yellowstone.)

El raramente visto interior del depósito de Gardiner fue capturado aquí en una fotografía alrededor de 1903, y muestra a tres empleados de la Northern Pacific Railroad vagueando. (Colección de Robert Goss.)

Esta fotografía panorámica, muestra una diligencia "tally ho" con seis caballos saliendo del depósito de trenes de Gardiner y dirigiéndose hacia el parque con sus "colegas" al Arco de Roosevelt, fue sacada hacia 1904. (Robert Goss.)

Los visitantes que miraron por el Arco de Roosevelt después de que Hiram Chittenden lo construyera en 1903 también podían ver el nuevo depósito de trenes de Gardiner. Chittenden quiso que el arco fuera así, ya que no creía que la entrada norte del "País de las Maravillas" fuera interesante. El presidente Theodore Roosevelt, de vacaciones en el parque en 1903, aceptó la invitación de los empresarios de Gardiner para acudir a la inauguración y pronunciar un discurso, preparando con ello el terreno para el gran día de Gardiner. (Vista estereoscópica de Underwood, Archivos del Parque Nacional de Yellowstone.)

Los cinco hombres que condujeron las diligencias de seis caballos para la Yellowstone Park Transportation Company posaron para esta fotografía en 1909 llevando sus sombreros de vaquero Stetson y sus guardapolvos de lino. Están, de izquierda a derecha, Jack "Johnny" McPherson, John "Daddy" Rash, Al McLaughlin, Harry Lloyd y Wallie Walker. Se sabe que al menos otros siete hombres de este escuadrón de élite condujeron las diligencias. Según otro conductor, "estos hombres no tocaron ningún caballo", lo que significa que solo condujeron mientras que los demás hacían el trabajo sucio por ellos. (Archivos del Parque Nacional de Yellowstone.)

Las diligencias, como los autobuses posteriores, se ensuciaron y tuvieron que ser limpiados. Esta instalación de limpieza estaba ubicada en el centro de transporte de Mammoth, donde había también un taller de pintura, una tienda de reparación, un taller de forja y muchas tiendas de carruajes. La fotografía no lleva fecha, pero probablemente sea de alrededor de 1908. (Archivos del Parque Nacional de Yellowstone.)

El conductor de diligencias Eugene Truax posó hacia 1911 delante el nuevo (tercer) Canyon Hotel con caballos indudablemente enganchados a su diligencia. Llevaba un sombrero de vaquero de color blanco y un guardapolvo también blanco, probablemente con los botones grandes amarillos que caracterizaban a los conductores de la empresa Yellowstone Park Transportation Company. (Por cortesía de Maxine Shuler, una descendiente.)

Según la descendiente Maxine Shuler, esta fotografía muestra a Eugene Truax conduciendo una diligencia de seis caballos hacia 1907 en camino a Mammoth. Si esto es cierto, significa que Truax, al menos durante un cierto periodo, fue uno de los conductores de élite que condujo una diligencia con seis caballos para la Yellowstone Park Transportation Company. (Por cortesía de Maxine Shuler.)

Esta hermosa fotografía muestra algunos turistas en el Old Faithful Inn con el puente retorcido sobre Myriad Creek hacia 1910. El puente parece haber salido del libro *Alicia en el País de las Maravillas* y fue adornado con formas extrañas de madera semejantes a un champiñón, probablemente proveniente de un nudo en el bosque de Yellowstone a 8 kilómetros al este de Old Faithful. (Colección de Whittlesey.)

El vestíbulo del Old Faithful Inn, mostrado hacia 1904, ha cautivado a los visitantes desde que el arquitecto Robert Reamer supervisó su construcción en 1903–1904. La chimenea contiene 500 toneladas de riolita nativa y ver este interior es como mirar el interior de un esqueleto de dinosaurio. (Vista estereoscópica de E. W. Kelley, Archivos del Parque Nacional de Yellowstone.)

El presidente Theodore Roosevelt fue de vacaciones a Yellowstone en 1903, justo a tiempo para poner la piedra angular del Arco de Roosevelt a la entrada norte del parque. Al llegar a Cinnabar, Montana, Roosevelt se rió con el comisario John Pitcher (a su izquierda en esta fotografía) y dijo, "Comandante, estoy de nuevo en mi propio país". (Archivos del Parque Nacional de Yellowstone.)

Roosevelt pasó un par de semanas en las zonas salvajes del parque en 1903, acampando y observando animales. Miró la cámara, probablemente sostenido por el comisario John Pitcher, mientras que el naturalista John Burroughs (con la barba blanca) se encontraba de pie a la izquierda de Roosevelt y el guía Elwood "Billy" Hofer se sentó. El hombre detrás de Roosevelt no ha sido identificado. (Biblioteca del Congreso.)

La compañía Shaw and Powell Camping Company, formalmente creada en 1898, compitió con la Wylie Camping Company por los visitantes que querían una manera más barata de ver y experimentar Yellowstone. Este conductor llevó lo que aparentemente fue el vagón de cocina de la compañía hacia 1905. (Archivos del Parque Nacional de Yellowstone.)

La fotógrafa reconocida a nivel nacional Frances Benjamin Johnson (1854–1952) sacó esta fotografía en 1903. De la misma manera que la Wylie Camping Company original, la Shaw and Powell Company llevaba a los visitantes por el parque y transportaba todos los suministros para el camping y la comida con ellos. Aquí se ve a un grupo de turistas que disfruta de la comida mientras los empleados realizan las tareas rutinarias necesarias. (Biblioteca del Congreso.)

Tras su periodo en la cafetería Norris Lunch Station, Larry Matthews fue transferido a la cafetería Old Faithful Lunch Station. Dirigió esta instalación entre 1902 y 1903. Fue así en 1902, con sus bancos de mimbre, cuando Frances Benjamin Johnson lo fotografió. G. L. Henderson dijo aquel año que "Larry me ha informado de que una noche guardó bajo los tejados de tela a 193 peregrinos y ni siquiera uno de ellos gimió". (Biblioteca del Congreso.)

Los osos del parque frecuentaron los vertederos a cielo abierto en Yellowstone durante al menos 85 años hasta que el Servicio de Parques Nacionales cerró el último en 1970. Aquí los turistas miran los osos en lo que fue probablemente uno de los vertederos del Canyon o del Fountain Hotel hacia 1895. (Fotografía de F. Jay Harris; colección de Randy Ingersoll.)

En los primeros días, no había pasarelas en las zonas termales del parque y los visitantes podían andar por donde quisieran. Este grupo de turistas ascendió hasta la cima de lo que fue probablemente la Mound Terrace hacia 1905 para tener una mejor vista del Mammoth Hot Springs Hotel y el pueblo de abajo. Hoy está prohibido andar en las formaciones. (E. W. Kelley, Presco Binocular Company.)

A partir de 1884, los visitantes solían bajar a la Cocina del Diablo, una cueva en Mammoth que fue el cráter de un manantial termal extinto, para investigar murciélagos y las formaciones. Aquí un guía uniformado del hotel se sienta al lado de la escalera mientras sus "colegas" examinaban la cueva hacia 1906. En 1939, se cerró la cueva a visitantes. (Publicado por Berry, Kelley y Chadwick de Filadelfia; colección de Bob Berry.)

Esta fotografía de Harry Shipler de 1908 muestra a los visitantes del campamento del lago de la Wylie Camping Company volviendo de una salida de pesca. En aquella época, los visitantes solían ponerse elegantes para viajar por las tierras salvajes. Desde 1887, había un campamento comercial en Lake y la Wylie Camping Company fundó allí su campamento en 1898. (Universidad de Utah.)

Este manantial termal en forma de cono fue observado y documentado por primera vez por la expedición de Washburn de 1870. El grupo observó cómo la trucha de un pescador se zafó del anzuelo y cayó por accidente en el manantial termal; cuando el pescado surgió, lo hizo hervido. Pescar y cocinar al pez en el anzuelo en Fishing Cone rápidamente se convirtió en una actividad que interesó mucho a varios de los primeros visitantes, pero que ahora está prohibido. (Archivos del Parque Nacional de Yellowstone.)

Desde 1898 hasta 1906, A. F. "Uncle Tom" Richardson organizó visitas guiadas en Canyon, cerca del camino que hoy lleva su nombre. Antes de la construcción en 1903 del puente a Artist Point, Richardson llevaba a varios visitantes por el río en su bote, les daba la comida y luego los llevaba a través del cañón hasta la base de Lower Falls mediante cuerdas. Aquí se ve a los visitantes descendiendo en 1904, con Richardson agarrando la cuerda a la derecha. (Diapositiva número 85 de O. W. Dean, Servicio de Parques Nacionales, Harpers Ferry.)

Los árboles petrificados cerca de Tower Junction eran interesantes para los primeros visitantes, e inicialmente había dos de estos árboles allí. Aquí, los visitantes están de pie sobre uno de ellos hacia 1900. Antes de 1907, los buscadores de souvenir habían desmantelado completamente uno de los árboles, así que el ejército estadounidense construyó una valla alrededor del otro para protegerlo. (Archivos del Parque Nacional de Yellowstone.)

Cinco

AFRONTANDO UNA NUEVA ÉPOCA 1910–1915

Durante el periodo entre 1910 y 1915, Yellowstone se convirtió en un lugar sofisticado, especializado en el transporte y los cuidados de aquellos visitantes que realizaban la llamada "Gran Visita" en diligencia. El ejército estadounidense vigilaba y protegía el parque nacional mientras los hoteles y empresas de camping transportaban, hospedaban, alimentaban, y entretenían a los turistas. Un grupo de obreros construyó el enorme Canyon Hotel en 1910, y la Yellowstone Park Hotel Company lo abrió en 1911. Se añadió una gran ala este al Old Faithful Inn en 1913, y el Mammoth Hot Springs Hotel fue renovado aquel mismo año, para básicamente ser convertido en un hotel diferente. Las compañías Yellowstone Park Transportation, Monida, Wylie y Shaw/Powell gestionaban las diligencias que iban al parque. Las compañías de camping Bryant, Lycan, Holm y Old Faithful se asociaron con Wylie y Shaw/Powell para hacerse cargo de los visitantes que buscaban una manera más barata de ver Yellowstone. El ejército estadounidense añadió una cuarta tropa a sus escuadrones, por lo que 400 soldados vigilaban el parque. Además, finalizó la construcción de su mayor complejo llamado Fort Yellowstone.

A pesar de esto, en 1907 se empezó a debatir sobre la posibilidad de eliminar la presencia del ejército en los parques y de fundar una agencia gubernamental específicamente para dirigirlos. Pronto las cosas se pusieron serias. Durante este período tuvieron lugar varias conferencias sobre el estado de los parques nacionales, donde fueron discutidas tanto la utilidad (o la inutilidad) de la presencia del ejército, como la necesidad (o la falta) de la creación de una nueva agencia que se encargara de los parques.

La agitación automovilística también se puso seria. Grupos que promovían la mejoría de las carreteras (los llamados Good roads clubs) surgieron por todo el territorio nacional, y sus afiliados comenzaron a exigir la introducción de automóviles tanto en Yellowstone como en otros parques nacionales. En 1915, el comisario Lloyd Brett acompañó a Amos Batchelder, enviado por la Asociación Automovilística Estadounidense, y a otros funcionarios a realizar un viaje en automóvil de prueba por Yellowstone. A nadie le sorprendió que, tras esto, declarara en favor de la introducción del coche.

Durante este periodo Yellowstone rondaba en el límite de la modernidad, pero tuvo que ser lentamente arrastrado hacia ella. El parque fue prácticamente el último lugar de los Estados Unidos en permitir el acceso de automóviles a sus sagradas puertas, y el nuevo Servicio de Parques Nacionales fue creado tras casi una década de debates tanto dentro como fuera de Yellowstone.

Where Gush the Geysers (arriba) fue un panfleto clásico producido, en numerosas ediciones entre 1899 y 1910, por la compañía ferroviaria Oregon Short Line Railroad. El escritor nacional Elbert Hubbard dijo sin miedo a equivocarse aquel año que "este libro es la mejor y más satisfactoria pieza de literatura comercial publicada en la historia tanto de los Estados Unidos, como de Europa, Asia y Africa." Las cinco compañías ferroviarias que a la larga operaron en Yellowstone produjeron coloridos panfletos promoviendo tanto el parque como sus visitas guiadas al Oeste. Hoy, muchas de estas son piezas de coleccionista, incluyendo esta edición de 1910 con Giant Geyser en su portada. Los géiseres eran más interesantes cuando eran reales, como muestra esta fotografía de abajo, con el Grand Geyser erupcionando a una altura de 61 metros en 1911. Antes de 1969, las altas y prolongadas erupciones del Grand Geyser se contaban entre 6 y 45, pero en años posteriores solo se registraron entre 1 y 5 explosiones. El promedio de los intervalos es de entre 6 y 15 horas (en muchos casos 8 horas). (Colección de Watry/Biblioteca del Congreso.)

Henry Brothers fue autorizado por el parque para establecer sus Geysers Baths (baños termales que usaban el agua de los géiseres), cerca de Old Faithful, en 1914, abriéndolos en 1915. Utilizando el agua caliente del Solitary Geyser, sobre la colina Geyser Hill, el baño público estuvo abierto hasta 1933, cuando Charles Hamilton lo compró y lo remodeló. Su última temporada en activo fue en 1949. (Archivos del Parque Nacional de Yellowstone.)

Esta maravillosa fotografía de un grupo de visitantes pertenecientes a la Wylie Camping Company posando en el cono del géiser Grotto fue tomada hacia 1910. El campamento de Wylie en Old Faithful estaba situado en la colina Wylie Hill, al oeste del géiser Grotto, haciendo de este el fondo favorito de las fotografías de los turistas. Anuncios de metal como éste con la palabra "Grotto" fueron construidos en 1907. (Archivos del Parque Nacional de Yellowstone.)

Harry Shipler fue un fotógrafo comercial de Salt Lake City que vino al parque (1908–1909, 1911–1912, 1915–1916) mandado por la Wylie Camping Company a fotografiar los campamentos de Wylie para usar estas fotografías como publicidad. La Wylie Camping Company hizo una promoción en 1914 ofreciendo un viaje a Yellowstone a quien pudiera adivinar el número de carretes de madera utilizados en esta vitrina en el centro de Salt Late City. (Universidad de Utah.)

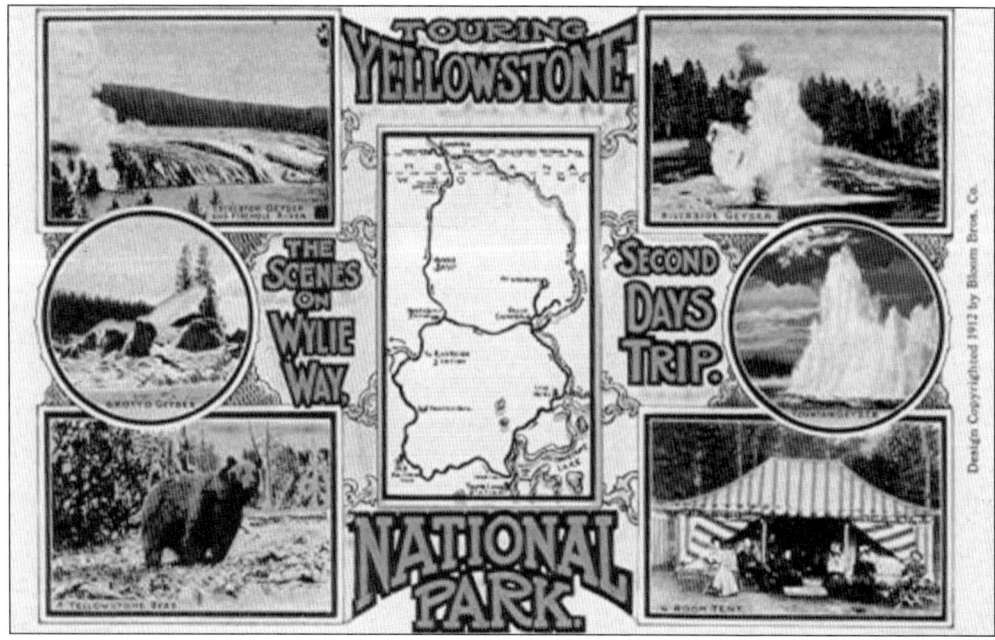

Más materiales promocionales de la Wylie Camping Company fueron reunidos para este collage presentado en una postal en 1912 por Bloom Brothers. Había seis iteraciones diferentes de esta tarjeta postal, una para cada día del tour de cinco días de Wylie, así como una sexta tarjeta para la parte de la visita destinada a Gardiner. (Colección de Watry.)

La estación de West Thumb Lunch Station fue fundada por la Yellowstone Park Association en 1892, durante el primer verano tras la finalización de la ruta entre Old Faithful y West Thumb. Cerca de la estación estaba el lugar donde el barco de vapor *Zillah* atracó para transportar pasajeros al Lake Hotel. En esta fotografía sacada hacia 1904, se ve a los visitantes andando desde la estación hasta el bote. (Fotografía de T. W. Ingersoll; colección de Bob Berry.)

E. C. Waters fundó una empresa de botes en el Lago de Yellowstone en 1896 y posteriormente quiso un bote más grande. En 1905, construyó el barco de vapor *E. C. Waters* en Lake, y aseguró que el barco podía transportar a más de 600 pasajeros. Cuando la organización de la navegación de los barcos de vapor, la Steamship Navigation Service se negó a autorizarlo a transportar más de 125 personas, Waters lo abandonó en la Stevenson Island. Aquí, el *Zillah* y el *E. C. Waters* esperan en la dársena delante del Lake Hotel en 1905. (Tarjeta postal de Barkelow; colección de Watry.)

Howard Eaton (1851–1922) fundó uno de los primeros ranchos del tipo en la nación (en Medora, Dakota del Norte; y posteriormente en Wolf, Wyoming) y comenzó a llevar grupos de viajeros a caballo a Yellowstone en 1885. Así se convirtió en el primer y más longevo guía del parque, haciendo su última excursión al parque poco antes de su muerte. Cuando murió, el camino que había utilizado durante tanto tiempo fue bautizado con su nombre, el Howard Eaton Trail (Archivos del Parque Nacional de Yellowstone.)

Aquí uno de los grupos a caballo guiados por Howard Eaton pausa para ser fotografiado en 1899. Este grupo en particular fue denominado "H. E. Tough Riders", probablemente en referencia a los Rough Riders de Theodore Roosevelt. Los grupos a caballo que visitaban Yellowstone fueron aumentando en tamaño cada vez más, hasta el punto en el que, en 1927, Dick Randall llevó al parque al grupo Sierra Club, formado por 173 personas. (Archivos del Parque Nacional de Yellowstone.)

En 1905, W. W. Wylie vendió su compañía de camping a A. W. Miles de Livingston, Montana. Miles dirigió la compañía hasta finales de la era de la diligencia en 1916. Aquí, Miles posó en un coche de un solo caballo en 1915 en su campamento de Upper Basin en Wylie Hill. (Universidad de Utah.)

Este grupo no identificable de la Wylie Camping Company posó en su diligencia en 1911, en la estación de descanso Sleepy Hollow, a veces llamada la Gibbon Lunch Station. Este último nombre era un poco confuso porque la compañía rival, la Shaw and Powell Company, también tenía una Gibbon Lunch Station. (Universidad de Utah.)

El viaje del Salt Lake Commercial Club a Yellowstone en agosto de 1912 fue fotografiado en el campamento de Riverside por el fotógrafo Harry Shipler. El grupo contaba con más de 100 personas y fue transportado por Yellowstone por la Wylie Camping Company. (Universidad de Utah.)

Las tiendas de campaña que servían como restaurantes de la Wylie Camping Company estaban inicialmente organizadas de una manera más individual, pero al momento de ser sacada esta fotografía en 1911, estas tiendas de campaña se habían simplificado y habían sido orientadas a la alimentación en masa. Esta instalación estaba en el campamento de Canyon. (Universidad de Utah.)

La compañía Holm Camping Company, propiedad de Tex Holm de Cody, Wyoming, compitió con Wylie al llevar grupos de campistas desde el este por el paso Sylvan. Aquí, un carro tiene problemas al avanzar por el paso a causa de la nieve en julio de 1909. La compañía estaba transportando miembros de la Sociedad Geográfica de Chicago. (Fotografía de Meta Mannhardt, Sociedad Geográfica de Chicago.)

El grupo de Meta Mannhardt de Chicago, que consistía en 44 personas, posó para esta fotografía mientras almorzaban en 1909. El mismo Tex Holm está en el centro de la fotografía con la bandera estadounidense encima de su cabeza, de pie a la izquierda y detrás de un hombre que lleva puesta una camisa blanca. (Fotografía de Meta Mannhardt, Sociedad Geográfica de Chicago.)

El comedor del segundo hotel de Mammoth Hot Springs tenía una apariencia algo radical y futurística, poco habitual para la época: 1913-1936. (Biblioteca del Congreso.)

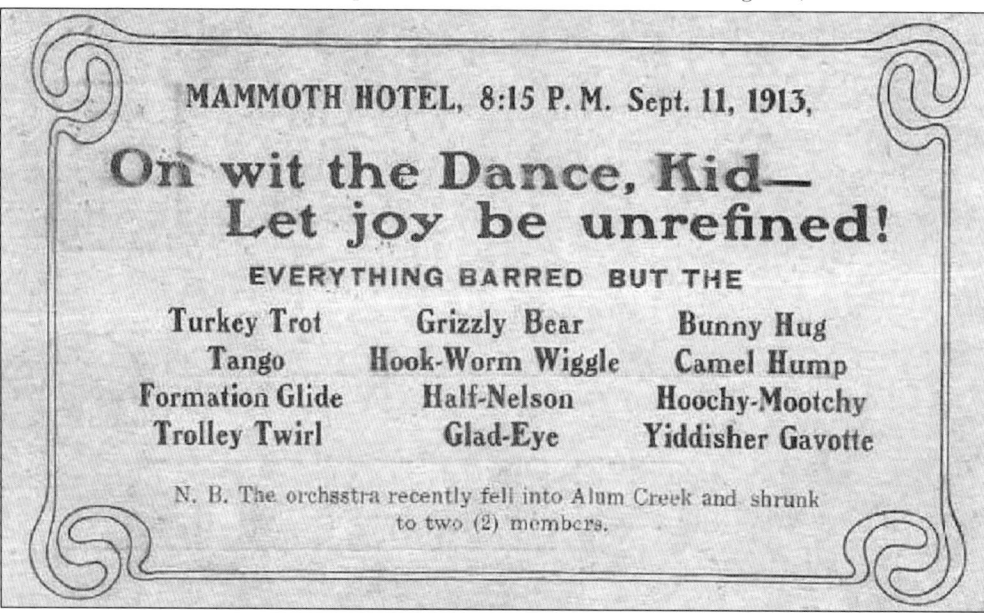

El baile en los hoteles del parque empezó en la época de la diligencia y continuó a lo largo de la década de 1950. Este póster de baile de 1913 garantizaba la diversión de los clientes, indicando que casi nada estaba prohibido y mencionando 12 tipos de baile que podían probar. La mención del arroyo Alum Creek en la parte inferior del póster hacía referencia a un cuento fantástico contado por los conductores de diligencias a partir de 1896, que aseguraban que el agua del Alum Creek podía reducir el tamaño de las cosas. (Archivos del Parque Nacional de Yellowstone.)

Joseph Warren Black (1873–1954), el conductor de esta diligencia de cuatro caballos en el tercer Canyon Hotel, llevó su grupo de turistas desde Teton, o Tetonia, Idaho, hacia 1910. La compañía en la que trabajaba Black casi no se puede percibir aquí, pero el hecho de que el servicio saliera de Idaho sugiere que era la Monida and Yellowstone Company o una de las muchas compañías independientes que operaban desde fuera del parque. (Archivos del Parque Nacional de Yellowstone.)

El conductor de diligencia conocido como "Yellowstone Chip" Samuell (1891–1978) tira aquí de las riendas de su diligencia de cuatro caballos blancos por la Sleepy Hollow (Gibbon) Lunch Station de la Wylie Camping Company. Fue en 1913 o 1915, ya que éstos fueron los únicos años en los que Samuell trabajó para la Wylie. Samuell recordaría posteriormente que uno de los dos hombres que iban "en la caja" era el secretario personal de John D. Rockefeller. (Colección de Chip Bowles.)

El ingeniero de rutas Hiram Chittenden construyó la primera iteración del Fishing Bridge en 1902. Al mismo tiempo, construyó la ruta de entrada oriental del parque, designada a conectarse con Cody, Wyoming, donde una nueva vía férrea, la Chicago, Burlington and Quincy Railroad, acababa de ser construida. El carro cubierto que visto en el puente hacia 1912 no era el típico vehículo del parque, y seguramente estaba operado por un "hombre de artemisa"—es decir, por un turista que viajaba con su propio grupo. (Stereo Travel Company, colección de Bob Berry.)

La ruta por el paso Dunraven y el monte Washburn, que abrió en 1905, era muy peligrosa en ciertos puntos. Aquí, un carruaje de dos caballos viaja en la ruta hacia 1912. (Archivos del Parque Nacional de Yellowstone.)

La Upper Geyser Basin Soldier Station en Old Faithful (hacia 1916), situada en el río Firehole, un poco al oeste de Lion Geyser, empezó siendo una pequeña cabina construida por P. W. Norris en 1879 y continuó hasta que el Servicio de Parques Nacionales la demolió en 1921. El ejército estadounidense operaba desde estas estaciones para proteger algunas formaciones delicadas de geiseres de los cazadores de recuerdos. (Archivos del Parque Nacional de Yellowstone.)

La Canyon Soldier Station, construida en 1898, estaba ubicada en lo que hoy es el aparcamiento del Brink-of-Upper-Falls. Como muchas otras estaciones del parque, se convirtió en una caseta de guardabosques tras la salida del ejército de Yellowstone. Esta fotografía, de hacia 1914, muestra las verjas de madera retorcida que empezaron a ser populares en las pasarelas del parque a partir de 1905. (Archivos del Parque Nacional de Yellowstone.)

En 1915, la Exposición Panamá-Pacifico (la Feria Mundial) tuvo lugar en San Francisco. Esta incluía una réplica gigante de Old Faithful Inn en un mapa de tamaño real del parque en su totalidad, sobre el cual los visitantes podían andar. Esta fue la portada del panfleto promocional de la Union Pacific Railroad sobre asunto la maqueta. (Colección de Watry.)

El panfleto de la Feria Mundial de 1915 proclamaba que "la Exposición del sistema de la Union-Pacific en la Exposición Panamá-Pacifico tiene un valor educativo extraordinario, demostrando . . . en tamaño real algunas de las características más importantes del Parque Nacional de Yellowstone, y, en un modelo preciso de bajorrelieve, el contorno del distrito entero. Entre sus características encontramos un géiser real y una catarata de tamaño natural." (Colección de Watry.)

El panfleto de Howard Hays de 1914 titulado "An Appreciation" mencionaba la enorme réplica de Old Faithful Inn en la exposición: "La característica dominante de la exposición es Old Faithful Inn, que abarca una zona de aproximadamente 4.366 metros cuadrados. . . . La réplica es exacta. En el interior encontramos una sala de banquetes de un tamaño tal que 2.000 clientes pueden estar sentados sin que se produzca una aglomeración. . . . Hacia un lado . . . es un escenario de conciertos donde una orquesta de 80 piezas hará [una representación]". (Colección de Watry."

El grupo Morris, mostrado aquí delante de Old Faithful Inn en 1913, seguramente experimentó el ritmo lento de las visitas de carretas a caballo de Yellowstone. Solo dos años después de esta fotografía, lo que un historiador consideró como "el mejor mundo de todos" llegó a su fin, al tiempo que aquellas "maquinas infernales de combustión" obtenían permiso para entrar por las sagradas puertas de Yellowstone. (Archivos del Parque Nacional de Yellowstone.)

Seis semanas antes de que se permitiera la entrada del automóvil en Yellowstone el 1 de agosto de 1915, unos funcionarios del parque hicieron una prueba que consistía en utilizar dos automóviles, que llevaban VIPs dentro, para ver si estos iban a ser viables para conducir personas por el parque. Cuando llegaron los dos automóviles al campamento Upper Basin de la Wylie Camping Company el 7 de junio de 1915, se los consideró como los primeros automóviles en Old Faithful. El primer automóvil transportó a los cinco hombres identificados abajo, mientras que el segundo, un Franklin, llevaba a su propietario, L. H. Van Dyck, a su mujer y a su hija. (Archivos del Parque Nacional de Yellowstone.)

En este coche, el primero, podemos ver a Harry Child en el asiento del pasajero frontal con su hijo Huntley Child como conductor. En los asientos traseros, de izquierda a derecha, se encuentran Amos Fries (ingeniero de rutas), el coronel Lloyd Brett (el comisario del parque) y Arthur W. Miles (dueño de la Wylie Camping Company)—todos están presentes aquí en el Old Faithful Inn. Un artículo reciente de Emmett Hood ha corregido la fecha de este acontecimiento: del 15 de agosto de 1915 al 7 de junio de 1915. (Archivos del Parque Nacional de Yellowstone.)

Seis

Introducción del coche y del Servicio de Parques Nacionales 1916–1929

Durante el periodo 1916–1929, el ejército estadounidense estaba en proceso de salir de Yellowstone (finalizando en 1918) y el nuevo Servicio de Parques Nacionales (SPN) empezaba a encargarse de la administración del parque. Estos acontecimientos pudieron finalmente desarrollarse tras muchos años de debates sobre si o cuándo el ejército debía marcharse del parque, así como sobre quién debía tomar el mando. Simultáneamente, estas dos agencias gubernamentales permitieron la introducción de automóviles en el parque tras muchos años de debate sobre el asunto.

Estos dos acontecimientos fueron muy importantes y cambiaron el parque de manera drástica: de ser un sitio tranquilo con menos de 25.000 visitantes, pasó a ser un lugar muy transitado donde todo se volvió más grande, y donde el número de visitantes era 200.000. La introducción del automóvil y la creación del SPN desembocaron en cinco años de confusión y caos, ya que la nueva agencia tuvo dificultad a la hora de fusionar numerosos concesionarios en unidades únicas, al mejorar las rutas del parque para el alojamiento de automóviles y campistas, al determinar lo que los nuevos guardabosques debían hacer respecto a la aplicación de la ley y la interpretación del parque, y generalmente al aprender cómo gestionar no solo el Yellowstone, sino al menos otros 30 parques nacionales.

Los funcionarios del parque pronto descubrieron que los automóviles y los caballos no podían ocupar las mismas rutas, y que los automóviles llegaban a sus destinos más rápido, por lo que muchos hoteles y estaciones de descanso eran innecesarias, además de que el sistema de rutas del parque era demasiado angosto y primitivo para los automóviles. Horace Albright asumió el puesto de comisario en 1919 e hizo grandes cambios administrativos. La Yellowstone Park Transportation Company motorizó las visitas al parque con la compra de más de 100 coches turísticos llamados "buses". Ingenieros estadounidenses comenzaron a hacer grandes obras en las rutas del parque. El SPN se deshizo de numerosos concesionarios antiguos y creó nuevas compañías únicas bajo un sistema de "monopolio regularizado". Los nuevos guardabosques demolieron muchas viejas estructuras y las sustituyeron con nuevas versiones, ya que se dieron cuenta de que las viejas costumbres de tratar con los recursos del parque, como los osos y los géiseres, no funcionarían siempre sin el uso de mejoras tecnológicas. Yellowstone empezó lentamente a modernizarse, aunque no siempre de manera eficaz, a menudo con "estertores y quejidos", como el mismo automóvil.

THE STAGE DRIVER'S FAREWELL TO THE AUTOMOBILE MAN.

A stage-driver lay asleep by his wagon;
He was one of the old-fashioned school.
He had a big glass jug of whiskey,
And nearly a quart of white mule.
His cuffing sack served for a pillow;
His robes he used for a bed;
And when he awoke from his slumbers,
He rolled him a pill as he said:

All my life I have been a wild savage;
All I know is the tackie and dude;
And I've stemmed them around this old circle
For the last twenty years. Am I rude
When I say you're a misguided pilgrim,
And you're driving me away from my home,
With your sweet-scented gasoline wagon,
So that to foreign lands now I must roam.

I just want to say to you, stranger;
You may be a pretty good scout;
But you motored into this National Park
And chased the old savages out;
And I'll be damned if I ever can like you,
Or pretend that I like your machine,
Or your racket and noise, or the rest of your junk,
Nor the smell of your cheap gasoline.

Farewell, you old wonderland country,
Good-bye to the geysers and falls,
Adios to the bo's and the heaver's,
I am going away from them all,
No more shall I drive the wild pony,
As in the old days gone bye,
And he took a big drink from his bottle,
And brushed a tear from his eye.

Farewell you evergreen mountains,
The fairest green spot on God's earth;
I am going to leave you forever,
Going far from the land of my birth.
But here's luck to all you spark-plug cleaners,
You have gasolined in here at last,
May you have the same luck in the future
I and my tackies have had in the past.

La poética y emotiva despedida de este conductor de diligencia al automovilista sirve como una elegía del final de una época más simple en Yellowstone. Durante más de 30 años, los días de viajar por el parque en carros tirados por caballos parecieron un paraíso terrenal comparados con la época del automóvil con los gases, las explosiones de motor, y los olores de gasolina. (Colección de Whittlesey.)

Uno de los pasajeros de estos coches patrióticos avanzando velozmente por el paso Sylvan desde Cody, presuntamente el 1 de agosto de 1915, podría haber sido Buffalo Bill. En 1916, varios concesionarios del parque siguieron transportando turistas en diligencias con la excepción de la Cody–Sylvan Pass Motor Company, que operó los viajes en automóvil de Cody a Lake Hotel. (Archivos del Parque Nacional de Yellowstone.)

Los coches eran más pesados, más rápidos y a veces más amplios que las diligencias, así que las rutas de Yellowstone se hicieron obsoletas casi inmediatamente después de la introducción de automóviles en el parque. Los coches pesados creaban grandes surcos en las rutas de tierra del parque cuando estas se mojaban, como se muestra aquí en una fotografía de la década de 1920 de un automóvil en Hayden Valley. (Archivos del Parque Nacional de Yellowstone.)

La ruta del monte Washburn, que inicialmente llegaba hasta la cima y luego bajaba por el otro lado, fue terminada por el ingeniero de rutas Hiram Chittenden e inaugurada en 1905. Era estrecha y peligrosa, y permaneció incluso cuando los automóviles empezaron a viajar por ella en 1915, así como en esta fotografía de 1924. (Archivos del Parque Nacional de Yellowstone.)

A partir de 1915, cuando se empezó a permitir la entrada de automóviles en el parque, acampar con coches se puso inmediatamente de moda. Aquí, un hombre y un chico posan en 1924 con su coche preparados para acampar. Nótese la gran tienda de campaña de lona anclada al estribo del coche, así como cacerolas, sartenes y otras cosas esenciales. (Archivos del Parque Nacional de Yellowstone.)

En 1924, había un campamento oficial de automóviles en Mammoth, y estas personas se alojan allí, con una mujer concentrada en su escritorio. Es interesante que, en aquella época, los campistas solían aparcar sus coches en las tiendas de campaña y dormir fuera de ellas para intentar a proteger las sillas de cuero del automóvil de daños causados por la lluvia. (Archivos del Parque Nacional de Yellowstone.)

Los álbumes negros de fotografías incluyen esta fotografía con la leyenda políticamente incorrecta "la visitante más gorda de 1923". La mujer y su hijo estaban acampados en la tienda de campaña de Mammoth cuando esta fue fotografiada señalando el cartel del Servicio de Parques Nacionales que anunciaba la nueva piscina. (Archivos del Parque Nacional de Yellowstone.)

En 1920, los funcionarios de la Yellowstone Park Camping Company abrieron una piscina cerca de Mammoth Lodge. Aquí se ve varios visitantes nadando en ella a mediados de la década de 1920. (Archivos del Parque Nacional de Yellowstone.)

En la primavera de 1925, después de que un incendio catastrófico destrozara el edificio maravillosamente diseñado en 1904, el Robert Reamer Transportation Building, la Yellowstone Park Transportation Company compró 90 de estos vehículos de la serie B-5 de la White Motor Company, en los cuales cabían 10 pasajeros, así como 75 autobuses turísticos y otros 18 coches en marzo. El bus número 316 de la Yellowstone Park Transportation Company, mostrado aquí en el Mammoth Hotel, era el "coche oficial" de la Union Pacific Railroad. (Archivos del Parque Nacional de Yellowstone.)

En la década de 1920, lo normal era que grandes grupos de viajeros visitaran Yellowstone al mismo tiempo. Aquí se ve la llegada del Wasatch Mountain Club, de Salt Lake City, en 1923. Uno de sus miembros, A. M. Simms, hizo un recuento del viaje. Nótese las latas en la parte delantera del automóvil, que contenían acetileno para los faros. (Archivos del Parque Nacional de Yellowstone.)

El alojamiento Canyon Lodge (1924–1956), situado en el actual aparcamiento del camino de Uncle Tom, surgió como un campamento de Shaw and Powell en 1913. Con la introducción de los coches en 1917, la Yellowstone Park Camping Company tomó las riendas del lugar, construyó la cabaña como estructura principal, y se quedó con las tiendas de campaña. Aquí vemos el interior de la cabina hacia 1923. (Tarjeta postal número 23559 de Jack Haynes, Archivos del Parque Nacional de Yellowstone.)

Los precursores de los actuales programas de actividades alrededor de la fogata del SPN empezaron en los campamentos de tiendas durante la época de la diligencia, cuando los empleados de las compañías de camping realizaban representaciones cómicas y lecturas de poesía para los turistas. Tanto la Wylie Camping Company como la Shaw and Powell Company presentaban cada noche este tipo de programas. Como se puede ver aquí, una gran multitud de aproximadamente 1.100 personas asiste a un programa de la Yellowstone Park Camps Company en 1923. (Tarjeta postal de Jack Haynes, Archivos del Parque Nacional de Yellowstone.)

Los osos, que se llevaban alimentándose de la basura de los vertederos desde 1888 si no 1883, empezaron a aparecer en las cunetas a partir de 1910 para pedir comida. Este problema empeoró con la introducción del automóvil. Aquí, un oso "pide" una limosna en 1918 en el campamento Roosevelt, cerca de Tower Fall. Hoy está prohibido alimentar a los osos. (Colección de George Bowles.)

Esta fotografía, alrededor de 1921, registró un oso negro que se colocaba derecho para "pedir" para la comida en el parque. Hoy está prohibido alimentar a los osos. (Archivos del Parque Nacional de Yellowstone.)

Esta entrada cubierta, desaparecida hace mucho tiempo, fue construida en la década de 1920 en Lake Hotel para proteger automóviles como éstos. (Archivos del Parque Nacional de Yellowstone.)

El tercer Canyon Hotel (1911–1958) recibió diligencias y, posteriormente, automóviles. Aquí algunos visitantes rodean sus vehículos un día entre 1917 y 1924. No se sabe a qué se debe la ocasión. (Archivos del Parque Nacional de Yellowstone.)

En 1924, Anna Pryor y Elizabeth Trischman, propietarias de una tienda, construyeron una cafetería en las terrazas superiores cerca de la cueva conocida como la Cocina de Diablo. Llamaron a su nueva empresa, mostrada aquí en 1929, la Cocinita de Diablo. El negocio tuvo una vida corta, durando solo hasta mediados de 1930. (Archivos del Parque Nacional de Yellowstone.)

Estos visitantes exquisitamente vestidos parecen estar encantados de ser testigos de lo que, como denominó el explorador capitán John Barlow, eran las hermosas "curvas de piedra" y las "vieras silicatas" del manantial Punch Bowl Spring en la década de 1920. Una fotografía de Ingersoll de la década de 1880 denominó al manantial como "Pozo de las Hadas", y la Wylie Camping Company canalizó el agua de este manantial con forma de disco para suministrar su campamento de tiendas cercano. Hoy está prohibido andar en las formaciones. (Archivos del Parque Nacional de Yellowstone.)

En la década de 1920, el camino de Uncle Tom, que fue construido en 1905 y que descendía al cañón por debajo de Lower Falls, era un gran éxito turístico. Como se puede ver aquí, en la década de 1920, numerosos visitantes disfrutaron caminando por él. (Colección de George Bowles.)

El manantial Handkerchief Pool se convirtió en uno de los manantiales termales más conocidos durante el periodo de 1888 hasta 1926, momento en el cual era conocido como el lugar donde uno podía ver cómo su pañuelo desaparecía tras ser succionado, y después volvía a aparecer. Sujeto de estudio para la revista *Science* en 1913, el Handkerchief Pool ya no es accesible para los visitantes, ya que el abuso de estos parajes suele destruirlos. En esta fotografía, unos visitantes juegan con pañuelos para la cámara en 1922. (Archivos del Parque Nacional de Yellowstone.)

Durante al menos 15 años tras la introducción del automóvil en Yellowstone, tanto los empleados del parque como los visitantes rememoraron con cariño la no tan lejana época de la diligencia. El conductor de autobuses Ralph Bush padre sacó esta fotografía en 1923 de otros conductores de pie en o alrededor de una pila de herraduras—el recordatorio del tiempo pasado. (Colección de Ralph Bush.)

Tras la introducción de automóviles en Yellowstone, se multiplicaron tanto las gasolineras como los suministradores de accesorios para automóviles, pero las antiguas diligencias se quedaron en el parque como un recordatorio de épocas pasadas. Aquí, una de estas diligencias se deteriora silenciosamente en Mammoth junto a un depósito usado para almacenar neumáticos Goodrich alrededor de 1917. (Archivos del Parque Nacional de Yellowstone.)

La Yellowstone Park Transportation Company motorizó el parque en 1917 con la compra de más de cien automóviles para siete pasajeros o para once pasajeros, que la mayoría de personas llamaba "buses". Aquí se ve la flota de buses aparcados en el aparcamiento de Mammoth cerca de 1920 en el sitio del actual Spruce Dormitory. Aún se podían ver vestigios del aparcamiento en 1976. Después de que un terrible incendio destruyera más de 90 buses en 1925, la compañía adquirió nuevas versiones. (Archivos del Parque Nacional de Yellowstone.)

La flota de la Yellowstone Park Transportation Company—116 o 117 de los buses del modelo del año 1917—formando una fila en otoño de 1920 para esta fotografía de Jack E. Haynes. Se puede ver los buses para siete pasajeros en la línea frontal, mientras que los otros cien buses tenían sitio para 11 pasajeros. (Archivos del Parque Nacional de Yellowstone.)

En 1923, la Union Pacific Railroad lanzó una campaña para promover sus trenes que iban a West Yellowstone, Montana. Contratando al artista Walter Oehrle para que dibujara algunas viñetas de humor inteligente en las que aparecieran osos, la compañía férrea produjo posters, a veces más de uno al año, lo que abrió el apetito de los vacacionistas para viajar. En esta fotografía, Oehrle trabaja en su libreta de dibujo en 1930, mientras que un asistente convence a un oso para levantarse para que Oehrle pueda hacer un boceto. (SPN, Harpers Ferry.)

El primero de aproximadamente 90 anuncios de la Union Pacific Railroad con los osos apareció en 1923. Mostrado aquí, promovía la idea de que los osos de Yellowstone eran preparados antes de la visita de los turistas. Walter Oehrle fue el artista de la mayoría de esta serie de dibujos. Su estilo continuó siendo usado hasta 1954, y, posteriormente, solo seis posters más fueron producidos, terminando la serie en 1960. (Archivos del Parque Nacional de Yellowstone.)

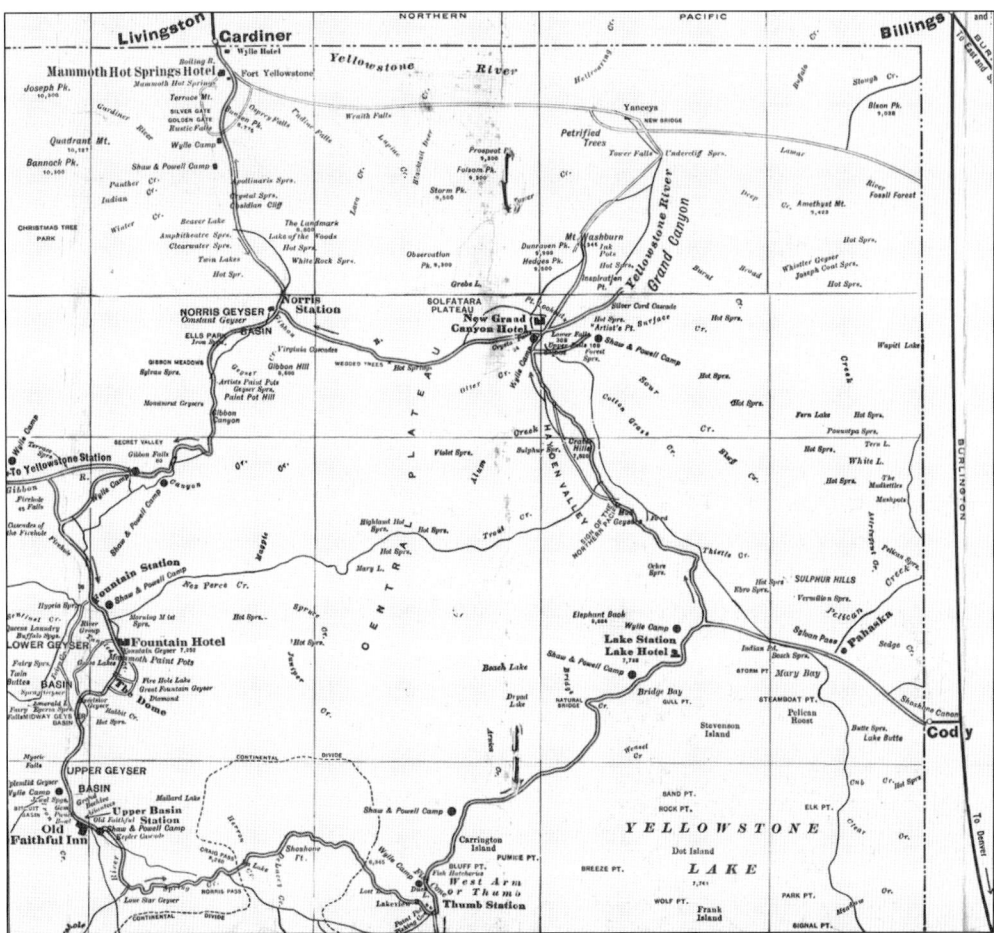

Este mapa, publicado por la compañía ferroviaria Chicago, Burlington and Quincy Railroad en 1916, es excepcional y poco conocido. Aunque no sea geográficamente exacto, es notable por las numerosas rutas antiguas, sitios culturales, y características extraordinarias del parque que muestra. Se indican numerosos sitios pertenecientes a la Wylie Camping Company, como el Wylie Hotel en Gardiner, y los campamentos de Wylie en Swan Lake Flats, Sleepy Hollow, Riverside, Upper Basin, West Thumb, Lake y Canyon. También aparecen los campamentos finalizados de la Shaw and Powell Company. Las características naturales como el manantial Hygeia Spring, Wedded Trees y "Sign of the Northern Pacific" son delineados. También se ve la ruta de Trout Creek de la década de 1880 que atraviesa el altiplano Central Plateau, a pesar del hecho de que no se la había usado desde hacía 20 años en el momento en el que este mapa fue dibujado. Asimismo, la ruta por Hayden Valley es mostrada, aunque esta también fuera cada vez menos transitada en 1916. La ruta Old Norris, construida en 1878, es mostrada, pasando desde Ampitheater Springs a Norris Station, Artists' Paintpots, Gibbon Falls, y río Firehole. Sitios de interés cultural desaparecidos tiempo atrás, como Fountain Station y Fountain Hotel, aparecen aquí, pero desaparecerían en un plazo de pocos años. (Colección de Robert Goss.)

El Corkscrew Bridge, en la ruta que lleva a la entrada oriental del parque, fue construido como una estructura de madera en 1904, después que la ruta para diligencias fue terminada en 1903. Suponía una manera innovadora de elevar una ruta de montaña, y los visitantes la consideraron como tal. El caballete de madera fue remplazado por una arcada más corta en 1916. (Archivos del Parque Nacional de Yellowstone.)

Cuando se introdujeron los automóviles en Yellowstone, inmediatamente se dieron cuenta de que el antiguo puente de madera no soportaría el peso de los automóviles más pesados. Como resultado, en 1919 el SPN construyó un nuevo Corkscrew Bridge de cemento en el mismo lugar. En 1929, los avances tecnológicos dejaron obsoleto el puente. Una nueva ruta creada en la ladera de arriba acabó rodeando el puente, pero los conductores observadores de hoy en día pueden todavía mirar hacia abajo y ver lo que queda de él. (Archivos del Parque Nacional de Yellowstone.)

Tras la introducción de automóviles en 1917, la Yellowstone Park Transportation Company determinó que necesitaba autobuses en Cody, Wyoming. Durante aproximadamente 20 años, la compañía contó con "conductores de Cody", que viajaban de Cody a Canyon y de vuelta como parte de trayectos turísticos en círculo. Aquí, en aproximadamente 1929, los buses están, conforme a la costumbre, perfectamente alineados cuando nadie los está usando. (Colección de Whittlesey.)

Ralph Bush y su amigo Gary Cooper, que se convertiría en una estrella de Hollywood en 1925, fueron al Yellowstone desde Butte, Montana, en 1923, con la intención de trabajar como conductores de autobuses. Ralph dejó esta colección de fotografías a su hijo Ralph, e influenció en este para trabajar en Canyon Lodge a principios de la década de 1950. Aquí, varios conductores, incluyendo a Gary Cooper (cuarta fila, a la izquierda), conducen un bus de la Yellowstone Park Transportation Company en una fotografía sacada por Ralph en 1923 o 1924. (Colección de Ralph Bush hijo.)

En esta fotografía, de la cual Ralph Bush estaba especialmente orgulloso, el conductor Gary Cooper está de pie en el extremo izquierdo del punto más alto, mientras que Ralph está de pie en la parte inferior, el segundo desde la derecha. Ellos y otros compañeros conductores posan en la parte trasera del Lake Hotel con un autobús de la Yellowstone Park Transportation Company en 1923. (Colección de Ralph Bush hijo.)

Según Ralph Bush hijo, tras la temporada vacacional de 1924, Gary Cooper le dijo a Ralph padre que se marchaba a California, a ver si podía "colarse en alguna película por allí". La primera película de Cooper, en 1925, se llamó *The Thundering Herd*, y parte de ella fue rodada en Yellowstone. Aquí podemos ver una escena de la película, que capta a varios nativos americanos cazando bisontes. El comisario del parque, Horace Albright, fue muy criticado por haber permitido para la realización de la película no solo la recreación de una estampida, sino también la caza de los bisontes del parque. (SPN, Harpers Ferry.)

La vista desde la cima del monte Washburn ha sido celebrada desde 1870. Aquí, un grupo de VIPs de visita por el parque en 1916 posan para una fotografía antes de que el mirador fuera construido. Están presentes el superintendente del ejército Lloyd Breet (cuarto por la izquierda), el jefe del nuevo Servicio de Parques Nacionales Stephen Mather (quinto por la izquierda), y su asistente Horace Albright (segundo por la derecha). (Archivos del Parque Nacional de Yellowstone.)

En enero de 1915, Stephen Mather dirigió una campaña para establecer el Servicio de Parques Nacionales. Mather y su asistente Horace Albright hicieron todo lo posible para ganarse el favor de personas influyentes, así como el del público, y el 15 de agosto de 1916, Woodrow Wilson aprobó el Acta del SPN. Mather, el primer director del Servicio de Parques Nacionales, aparece en esta fotografía a caballo cerca de Hellroaring Peak en 1923. (Archivos del Parque Nacional de Yellowstone.)

Construida en 1921 en Gardiner, la estación de control de la entrada norte, justo dentro del Arco Roosevelt, resultaba inconveniente ya que los guardabosques tenían que rodear cada automóvil para hablar con su conductor, bloqueando el tráfico saliente. La estación ardió en llamas el 4 de marzo de 1937, y una nueva fue construida poco después, durando hasta su demolición en 1966. La actual estación de control fue construida en 1991. (Archivos del Parque Nacional de Yellowstone.)

Dos guardabosques no identificados posan aquí en sus motocicletas en Fort Yellowstone hacia 1924. Sus sombreros estilo "plasta de vaca" fueron bastante inusuales en el sentido en que el SPN utilizó este estilo por un período de tiempo relativamente corto. (Colección de Martha Krueger.)

Cuando el SPN fue creado, los guardabosques de Yellowstone se convirtieron en algo más que protectores del parque. Para hacer su trabajo, necesitaban muchas aptitudes, que incluían las de leñador, profesor, conservacionista, médico, bombero, rescatador, gerente del medio natural, y modelo a seguir para los jóvenes. El guardabosque se convirtió tanto en la cara como en la voz de una agencia designada a conseguir el afecto del público para el parque. (Archivos del Parque Nacional de Yellowstone.)

Remplazando al ejército estadounidense como los protectores de Yellowstone, el Servicio de Parques Nacionales tomó el mando de las guarniciones existentes, y también construyó puestos de guardabosques en varios sitios para gestionar y patrullar el parque de manera más efectiva. Esta rara fotografía del nuevo puesto de guardabosques de Madison Junction, frente a la National Park Mountain, fue sacada hacia 1920. (Archivos del Parque Nacional de Yellowstone.)

En 1920, Horace Albright contrató al primer guardabosque "didáctico" del SPN. Esta fue Isabel Bassett (Wasson), mostrada aquí un poco más tarde y fuera del parque. Albright la escuchó mientras daba una lección geológica a un grupo turístico en Mammoth Hotel en 1919, y le dijo que, si volvía al año siguiente, la contrataría como guardabosque estacional. Albright cumplió con su promesa, y Bassett sirvió como una de las primeras mujeres en trabajar como guarda estacional para el SPN. (Colección de Peter Bergstrom.)

Mientras la década de 1920 avanzaba, el Servicio de Parques Nacionales contrataba guardabosques didácticos para enseñar a los visitantes cosas sobre el parque. En muchos casos, los guardabosques eran hombres notables con estudios avanzados. Se ve en esta fotografía al guardabosque naturalista Flottman mientras que da una lección a un grupo de visitantes en Doublet Pool, en la Upper Geyser Basin, sobre los elementos científicos de las maravillas naturales de Yellowstone, y sobre la importancia de su conservación. (Archivos del Parque Nacional de Yellowstone.)

Este hombre fue el primer magistrado en Yellowstone. Robert Meldrum, de Wyoming, fue nombrado alto comisionado (magistrado) para Yellowstone en 1894 tras la aprobación de la Ley Lacey, que protegía a los animales del parque. Meldrum sirvió hasta su muerte en 1936. Aquí, se sienta en su caballo delante de la casa de piedra que fue tanto su casa como su oficina. La Meldrum Mountain en el parque fue nombrada así en su honor. (Archivos del Parque Nacional de Yellowstone.)

Dos de los primeros exploradores de Yellowstone fueron representados en la celebración en 1922 del quincuagésimo aniversario de la fundación de Yellowstone. W. A. Hedges, un familiar de Cornelius Hedges del grupo de Washburn de 1870, y Charles Cook, que dirigió la expedición de Folsom en 1869, fueron fotografiados con el comisario Horace Albright en el cincuenta aniversario del parque. (Archivos del Parque Nacional de Yellowstone.)

La dedicación del camino de Howard Eaton en Sheepeater Cliff ocurrió el 19 de julio de 1923. Tras la muerte de Eaton en 1922, el camino fue bautizado así. Sheepeater Cliff fue elegido porque había sido cada año el primer sitio en el que Eaton acampaba. Fotografiados en la dedicación están, de izquierda a derecha, Horace Albright (comisario del parque), Stephen Mather (director del SPN), los dos hermanos de Howard Eaton, y Jack E. Haynes (el fotógrafo del parque). (Archivos del Parque Nacional de Yellowstone.)

A pesar de que las diligencias desaparecieron de Yellowstone a partir de 1916, la nostalgia romántica por el Viejo Oeste resurgió en la década de 1920, cuando se pusieron de moda repentinamente los grupos a caballo y las partidas de excursionistas. Mostrado aquí, uno de estos grupos a caballo pausa para el fotógrafo Jack E. Haynes hacia 1925. (Colección de George Bowles.)

Este anuncio de los Todd's Deluxe Tours anunciaba la idea de llevar grandes partidas a caballo a Yellowstone en una época (1924) en la que esto se había puesto de moda gracias al aumento de los grupos de jinetes que visitaban el parque, y a la dedicación del camino de Howard Eaton. Se podría decir que la década de 1920 fue el apogeo de los grupos grandes a caballos en Yellowstone. (Archivos del Parque Nacional de Yellowstone.)

Como se muestra aquí, el puesto de alquiler de caballos de la Yellowstone Park Transportation Company en Old Faithful se situaba, en la década de 1920, justo delante de la pensión Old Faithful Inn. La compañía empezó a organizar viajes grandes a la zona rural tras la muerte de Howard Eaton en 1922, estimulando el fenómeno del viaje a caballo durante al menos una década más. (Archivos del Parque Nacional de Yellowstone.)

El presidente Calvin Coolidge visitó el Yellowstone en 1927. En esta fotografía, el comisario Albright, hombres del servicio secreto y él observan la catarata de Tower Fall desde un puesto de observación. Es gracioso notar que el cartel que las anunciaba fue pluralizado por una persona que, aunque con buenas intenciones, no se dio cuenta de que el nombre oficial de las cataratas era Tower Fall (en singular). (Archivos del Parque Nacional de Yellowstone.)

Herbert Hoover visitó Yellowstone mientras servía como secretario de comercio. Posó con el comisario Horace Albright y con varios pescados recientemente atrapados un día de 1928, probablemente en Yellowstone Lake. (Archivos del Parque Nacional de Yellowstone.)

Siete

DEPRESIÓN, INNOVACIÓN Y GUERRA 1930–1945

Durante el periodo 1930–1945, Yellowstone tuvo dificultades por falta de dinero para su administración debido, sobre todo, a los duraderos efectos de la Gran Depresión, que empobreció al público estadounidense y en consecuencia despojó de visitantes al parque, y a la inminente Guerra Mundial a la que Estados Unidos se unió en 1941. Las instalaciones y las infraestructuras del parque se deterioraron. De manera innovadora, el grupo Civilian Conservation Corps del presidente Franklin Roosevelt entraron en Yellowstone para ayudar a un Servicio de Parques Nacionales desesperado.

El Servicio de Parques Nacionales continuó con su proceso de modernización. Dividió a los guardabosques en dos grupos: aquellos que eran responsables de supervisar el cumplimiento de la ley y aquellos encargados de las comunicaciones y las funciones interpretativas. Los espectáculos con osos, en los cuales los turistas observaban a los osos comiendo basura de los hoteles puesta en plataformas, continuaron divirtiendo a los visitantes, pero añadieron problemas administrativos al animar a estos mismos visitantes a alimentar a los osos que encontraban en las cunetas. La Yellowstone Park Company fue formada gracias a la fusión de seis otras compañías independientes. Un grupo de trabajadores construyeron un nuevo hotel en Mammoth Hot Springs, además de una gran oficina de correos. Brigadas de carreteras empezaron a pavimentar las rutas del parque tras haberlas mantenido durante varios años solo con tierra, grava y aceite. Además, los guardabosques empezaron a usar la ciencia y la naturaleza para gestionar los recursos del parque, en lugar de permitir que los humanos los manipularan.

Los biólogos, geólogos, directores en el sector pesquero, y botánicos empezaron a darse cuenta de que las regiones naturales como Yellowstone podían mejorar con menos manipulación humana. Sin embargo, mientras que estos debates se ponían serios, ni los científicos ni los gerentes estaban seguros de que estas renovaciones debieran llevarse a cabo, y volvieron a las prácticas del "siempre-se-ha-hecho-así". Mientras que el SPN aprovechaba la Segunda Guerra Mundial para abolir los "espectáculos de alimentar a los osos", los otros cambios en la gestión de los recursos fueron hechos lentamente, y no acabaron de implementarse hasta las décadas de 1950 y 1960.

El primer hotel de Mammoth Hot Springs, construido en 1883, estaba en ruinas en 1913, así que fue remodelado en aquella época, y se convirtió en este edificio—el segundo Mammoth Hotel. También se añadió el ala derecha en 1913. (Archivos del Parque Nacional de Yellowstone.)

Una de las anticuadas decisiones de la dirección de Yellowstone era la costumbre, existente desde hacía mucho tiempo, de tratar a los bisontes como reses en una hacienda de Lamar Valley. Tal vez una costumbre "necesaria" en 1902 para aumentar el número de bisontes, la práctica se volvió cada vez más peligrosa, difícil, y antinatural, a medida que los bisontes eran transportados a Mammoth desde Lamar cada año para que el público pudiera verlos en rediles. Aquí, un grupo de visitantes en la década de 1920 observan una "manada amaestrada" en una zona vallada al sur de Mammoth. (Archivos del Parque Nacional de Yellowstone.)

En la época en la que fue sacada esta fotografía (1930), el SPN había organizado caminatas, lecciones, mostradores de información y museos dentro de su programa didáctico. Este cartel anunciaba estos servicios en Old Faithful. (Archivos del Parque Nacional de Yellowstone.)

Durante el periodo entre 1926 y 1941, los espectáculos consistentes en alimentar a los osos tuvieron lugar en Old Faithful y en Canyon. Los espectadores que observaban la plataforma de cemento en el arroyo Canyon's Otter Creek (mostrado aquí alrededor de 1940) veían osos pardos que comían basura puesta ahí por el Servicio de Parques Nacionales cada noche de verano. Gaviotas, cuervos, urracas y osos negros también esperaban su turno para comer. Este tipo de espectáculo terminó tras la temporada vacacional de 1941. (Sociedad Histórica de Montana.)

El espectáculo de alimentar a los osos en Old Faithful utilizaba esta plataforma de madera y este anuncio. El espectáculo "es una de las características más interesantes del parque para la mayoría de los turistas", escribió el comisario Albright, "pero necesita regulación prudente". Ciertamente, este tipo de regulación se volvió peligrosa y difícil. Los espectáculos de alimentar a los osos, populares entre 1926 y 1941, fueron finalmente abandonados a causa del creciente descontento entre las comunidades de científicos y conservacionistas sobre la exhibición antinatural de dar basura como alimento a los osos. (Archivos del Parque Nacional de Yellowstone.)

Como se muestra aquí en 1939, el interior de la piscina de Hamilton en Old Faithful era visualmente compatible con la arquitectura de la zona. Un sistema de tuberías que iba de Solitary Geyser y pasaba por encima de la colina Geyser Hill suministraba el agua a la piscina. (Sociedad Histórica de Montana.)

Todavía en su apogeo en la época de esta fotografía en 1930, los trenes de la Northern Pacific Railroad continuaron llevando visitantes a la entrada norte de Yellowstone a lo largo de 1948. Tras esto, la compañía ferroviaria organizó los "savage specials"—trenes que transportaron empleados al parque hasta 1957. Tras esto, los trenes a Gardiner transportaron cargamento solamente a lo largo de 1975, y la Burlington Northern quitó las vías de Gardiner a Livingston en 1976. (Archivos del Parque Nacional de Yellowstone.)

Esta cómica fotografía, sacada en 1932 en el vertedero de Old Faithful, ilustra lo que entonces se llamaba, a tono de broma, el "árbol de Navidad de los guardabosques". Estaba hecho de orinales, aquellos contenedores metálicos que los visitantes de los campamentos de Yellowstone usaban para hacer sus necesidades durante la noche. La identidad del hombre es desconocida. (SPN, Harpers Ferry.)

Gerald R. Ford, que fue posteriormente el presidente de los Estados Unidos, trabajó como guardabosque durante el verano de 1936. Autografió esta fotografía para la colección del parque y, en 2000, dio una entrevista al escritor Lee Whittlesey, en la cual habló sobre la historia de sus experiencias en Yellowstone. Aquel CD ahora se encuentra en la colección del parque. (Archivos del Parque Nacional de Yellowstone.)

El acto federal de Volstead de 1919 inauguró la prohibición del consumo de alcohol en los Estados Unidos. El acto fue un fracaso monumental y fue revocado en 1933, pero durante los años en los que fue ejecutado, los funcionarios federales lo impusieron en Yellowstone. Aquí, varios guardabosques vierten licor ilegal confiscado en Mammoth en 1930 cerca de la casa del juez Meldrum. (Archivos del Parque Nacional de Yellowstone.)

Esta fotografía documenta la cabaña de esquí y los esquiadores en la pista de esquí de Undine en febrero de 1942, el año de la fundación de la pequeña zona de esquí alpino cerca de la catarata Undine Falls. La pista de esquí de Undine estuvo abierta al público, aunque fue principalmente usada para enseñar a los alumnos de Mammoth a esquiar. Fue desmantelada en el invierno de 1993–1994. (Archivos del Parque Nacional de Yellowstone.)

Como se muestra aquí, el automóvil del SPN que pertenecía al comisario Roger Toll se quedó atascado en la nieve en el paso Dunraven en 1933. Fotografías como ésta, que muestra ventisqueros enormes, han fascinado a los observadores desde hace al menos 120 años, a causa de la cantidad enorme de nieve que se acumula en el parque en invierno. (Archivos del Parque Nacional de Yellowstone.)

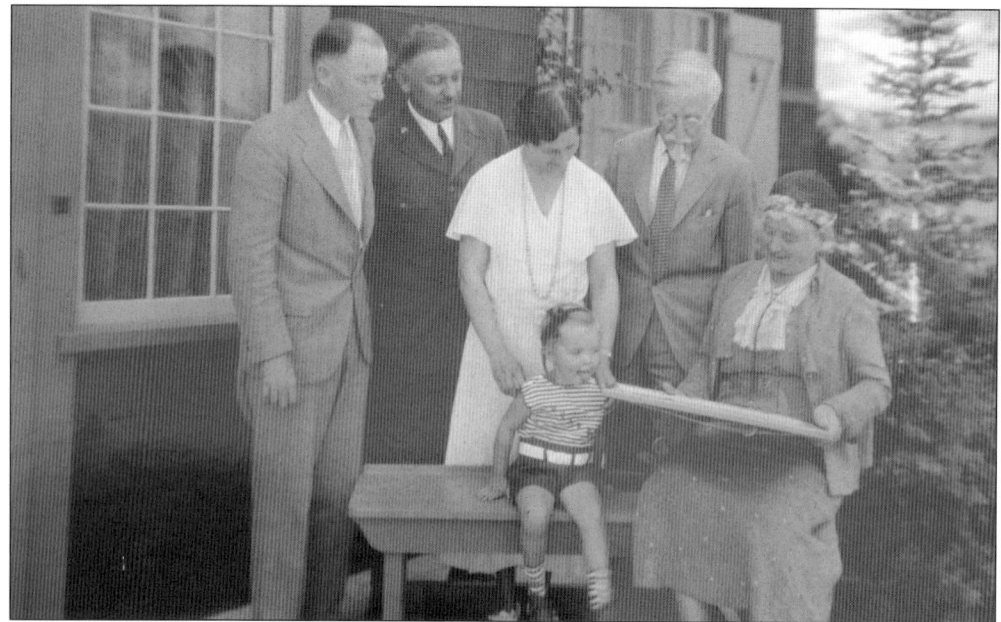

Personajes históricos de Yellowstone se congregaron a Mammoth Hot Springs delante de la casa del fotógrafo Jack Haynes en 1934. En esta imagen, de izquierda a derecha, podemos ver a: el historiador de Montana Merrill Burlingame, el jefe naturalista Clyde Max Bauer, Isabel Haynes (la mujer de Jack), su hija Lida Haynes, el fotógrafo William Henry Jackson y Mary Hunter Doane (mujer del teniente Gustavus Doane de la expedición de Washburn de 1870). Mary Doane probablemente está sujetando una gran fotografía enmarcada del nuevo (1934) sello estadounidense del géiser Old Faithful. (Archivos del Parque Nacional de Yellowstone.)

Varios personajes históricos de Yellowstone se reunieron en el Smithsonian Institute el 12 de marzo de 1927, poco después de la muerte de Thomas Moran, frente a *Grand Canyon of the Yellowstone*, la monumental pintura de Moran. De izquierda a derecha se encuentran el fotógrafo William Henry Jackson, George B. Chittenden, S. B. Ladd y William Henry Holmes. Es interesante remarcar que las cimas de algunas montañas del parque fueron bautizadas con todos estos nombres, incluyendo Moran, y que todos habían tenido alguna relación con las expediciones de Hayden de la década de 1870. (Archivos del Parque Nacional de Yellowstone.)

El presidente Franklin Delano Roosevelt visitó Yellowstone en 1937. Aquí él, el comisario Edmund Rogers y Eleanor Roosevelt hacen un tour. (Archivos del Parque Nacional de Yellowstone.)

La Civilian Conservation Corps (CCC), fundada por el presidente Franklin Roosevelt, trabajó en Yellowstone para ayudar al Servicio de Parques Nacionales durante el periodo de 1933 a 1941. Aquí, cuatro participantes de la CCC, vestidos con sus uniformes oficiales, toman un descanso para examinar el cono del Giant Geyser cerca de Old Faithful. Hoy está prohibido estar de pie en las formaciones. (CCC.)

El conductor del autobús número 396 de la Yellowstone Park Transportation Company se detiene para permitir a sus pasajeros ver el géiser Grotto, cerca de Old Faithful, hacia 1936. Desafortunadamente, las visitas en autobús cayeron en desgracia tras la Segunda Guerra Mundial, y la flota fue finalmente vendida. Tras una ausencia de 40 años, la compañía Xanterra Parks and Resorts compró varios de estos autobuses White, los actualizó para conformarse con las reglas modernas de seguridad para automóviles, y volvieron con gran pompa a Yellowstone en 2007. (Archivos del Parque Nacional de Yellowstone.)

William Adams, un conocido conservacionista, fue fotografiado con su familia en la "Casa de los Cuernos" en 1930. Esta estructura, hecha de cuernos de alce, se situaba delante del actual museo de Horace Albright a Mammoth Hot Springs durante el periodo entre 1927 y 1963. Construido por el jefe de guardabosques Samuel Woodring, finalmente fue demolido para dejar de dar la impresión a los visitantes de que se podía coger cuernos de alce en el parque. (Archivos del Parque Nacional de Yellowstone.)

Ocho
Prosperidad y regulación ecológica 1946–1968

Hartos del racionamiento y de la guerra, muchísimos estadounidenses visitaron Yellowstone y otros parques tras la Segunda Guerra Mundial. Por primera vez, las visitas anuales ascendieron a más de un millón de visitantes en 1948. Los quince años de depresión y de guerra habían llevado a la deterioración de los edificios y de la infraestructura. El Servicio de Parques Nacionales introdujo lentamente un programa de 10 años (1956–1966), que se llamó "Mission 66", para mejorar las instalaciones tanto en Yellowstone como en otros parques. Aunque, de acuerdo al escrutinio de varios historiadores, este programa no saliera bien, puede decirse que era lo mejor que tanto el servicio como la nación podían permitirse en aquel momento.

Al mismo tiempo, el SPN empezó a considerar seriamente la ciencia emergente como una solución a muchos de sus duraderos problemas relacionados con la gestión de recursos. Quizás no hacía falta controlar artificialmente el número de animales y surtir artificialmente arroyos y lagos con pescados. Quizás no fuera necesario que los humanos alimentaran a los animales y que los manantiales termales fueran utilizados para la calefacción y el baño. Quizás no seguía siendo importante tratar a los bisontes como si fueran reses. Los humanos no necesitaban continuar asesinando a los depredadores. Sin embargo, el problema más grave de todos, el del oso, existía desde hacía 80 años: los humanos observaban a los osos comiendo basura en vertederos, y les daban de comer en las cunetas. Este problema causaba atascos enormes, y no era muy sano para los osos. Los enfrentamientos entre humanos y osos culminaban, la mayoría de las veces, con los guardabosques disparando a los animales, a lo que se oponía la gran mayoría de la gente.

En 1963, un grupo de científicos estadounidenses produjeron el "Leopold Report". Un hito en la gestión de los parques nacionales, proclamaba que estas zonas debían quedar tan naturales como fuera posible, con la mínima manipulación posible por parte de los seres humanos. Al principio, el SPN tardó en aceptar la recomendación, pero la agencia empezó a reaccionar en 1968. Aquel año, algunos funcionarios del SPN instalaron las primeras papeleras inaccesibles para osos en Yellowstone e introdujeron un programa para cerrar los vertederos y transportar los osos problemáticos a las zonas rurales. Para 1973, los osos ya no eran alimentados por los humanos en las cunetas, y fueron desenganchados con éxito de sus regímenes largos, artificiales y humanos.

La transición del SPN de manipular los recursos del parque a controlarlo naturalmente significó el final de un periodo filosófico—el de manipular los recursos del parque—y el comienzo de otro—el de controlar naturalmente los parques en un proceso que se ha llamado "gestión de proceso ecológico".

Los visitantes empezaron a llegar a Yellowstone en sus propios automóviles en 1946. Aunque actualmente los autobuses siguen transportando visitantes, la era del autobús se terminó alrededor de la década de 1930. La prosperidad trajo consigo aglomeraciones de gente en el parque, y el aparcamiento en Liberty Cap en Mammoth aparece lleno cuando fue sacada esta fotografía hacia 1955. (Archivos del Parque Nacional de Yellowstone.)

Antes de 1957, Canyon Village se situaba en el actual aparcamiento al borde de la catarata Upper Falls, y era denominado simplemente como Canyon. Aquí (hacia 1950) se puede ver una sección del gran almacén Hamilton General Store a la izquierda, y la estación de servicio a la derecha. Hoy el sitio está abandonado y está reconvirtiéndose en tierra salvaje. (Archivos del Parque Nacional de Yellowstone.)

La aldea Fishing Bridge Village era una zona muy desarrollada en la década de 1950, con numerosas cabañas en alquiler (a la derecha) y un gran campamento (a la izquierda, esquina superior). Se podría decir que nunca debía haber sido construido debido a su ubicación en el hábitat principal de los osos pardos. Una prolongada disputa con el pueblo de Cody, Wyoming, cuyos funcionarios no querían que el pueblo fuera cerrado, terminó con la victoria de la naturaleza sobre el desarrollo, y la mayoría del pueblo fue demolido en la década de 1990. (Archivos del Parque Nacional de Yellowstone.)

El puente Fishing Bridge, construido en 1937 y mostrado aquí en 1951, llegó a estar tan lleno de pescadores que se colocaban codo con codo que fue permanentemente cerrado a la pesca en 1974. Antes de aquella época, la importancia del río como zona de desove de la nativa trucha de garganta cortada no era muy bien entendida. (Archivos del Parque Nacional de Yellowstone.)

A lo largo del verano de 1972, los osos siguieron rogando a los motoristas del parque que les dieran comida. En esta imagen, tres osos negros buscan una limosna en 1958. Las demandas de los osos eran uno de los problemas más graves en el parque y no fue completamente resuelto hasta 1973. Hoy está prohibido alimentar a los osos. (SPN, Harpers Ferry.)

En 1968 y 1969, el SPN introdujo las primeras papeleras inaccesibles a los osos (mostradas aquí). Una tapa metálica de 23 kilogramos atada a una pértiga, puesta en un bloque de cemento de 180 kilogramos, conservaba la mayoría de los olores dentro de la papelera, siendo el olor lo que atraía a los osos. Aunque un oso resuelto podía entrar en la papelera si se esforzara bastante, la mayoría de los osos fueron suficientemente disuadidos tras la resolución del problema de las papeleras abiertas del parque. (Archivos del Parque Nacional de Yellowstone.)

El tercer Canyon Hotel (1911–1958) resultó ser enorme, con una circunferencia de más de 1,5 kilómetros. Como muestra esta fotografía aérea de 1941, el hotel tenía una forma rara, pero era adorado por casi todas las personas que se alojaban o trabajaban allí. Cerrado tras la temporada de 1958 a causa de problemas de la base, fue vendido a una compañía dedicada a las demoliciones, y por accidente se quemó por completo durante el proceso de demolición en agosto de 1960. (Archivos del Parque Nacional de Yellowstone.)

El tercer Canyon Hotel se quemó por completo la noche del 8 de agosto de 1960. Nadie sabe qué fue lo que causó el fuego, pero los rumores apuntan a que empezó a causa de una vela encendida. Se sabe que los empleados estaban usando el edificio cerrado para hacer fiestas, y puede que uno de ellos causara involuntariamente el fuego. (Archivos del Parque Nacional de Yellowstone.)

El terremoto de Yellowstone del 17 de agosto de 1959 alcanzó una puntuación de 7,5 en la escala de Richter y fue uno de los terremotos más fuertes vistos en nuestro planeta. Los daños en los edificios de piedra de Mammoth hicieron que, durante un corto periodo de tiempo, el comisario del parque, así como otros funcionarios, fueron hospedados en tiendas de campaña. Esta fue la tienda de campaña del comisario en aquella época. De izquierda a derecha están Dave Beal, Lee Coleman, Huntley Child hijo, el comisario Lon A. Garrison, John Q. Nicholas, Luis Gastellum, Garfield N. Helppie, Jack E. Haynes, Joseph Joffe y Tom Hyde. (Archivos del Parque Nacional de Yellowstone.)

El terremoto del parque de 1959 desembocó en cambios importantes en los geiseres y los manantiales termales, ya que algunos se secaron, mientras que otros entraron en erupción y, en ciertos casos, se crearon nuevos manantiales. El Red Spouter Geyser, ubicado en Lower Geyser Basin, mostrado aquí en aquel año o poco después, se originó gracias al terremoto. El géiser emitía agua roja y cenagosa. (Archivos del Parque Nacional de Yellowstone.)

Había aviones de nieve en Yellowstone mucho tiempo antes de que hubiera una temporada de invierno. Walt Stuart construyó el primer avión de nieve en West Yellowstone aproximadamente en 1935. Podían viajar muy rápido por la nieve, pero sus hélices posteriores los hacían potencialmente peligrosos cuando estaban al nivel de la tierra. Sin embargo, estos vehículos transportaron algunos visitantes a Old Faithful durante los inviernos a finales de la década de 1940. Reemplazados por autocares de nieve en la década de 1950, los aviones de nieve desaparecieron. (Colección de Whittlesey de Walt Stuart.)

Los autocares de nieve aparecieron en Yellowstone en el invierno de 1954–1955, cuando Harold Young y Billy Nichols, de West Yellowstone, compraron algunos vehículos a Bombardier y fueron autorizados a viajar en ellos a Old Faithful. Los vendieron en 1967 a la Yellowstone Park Company, y muchos de estos mismos autocares de nieve, con los componentes cambiados muchas veces, todavía operan hoy. (Archivos del Parque Nacional de Yellowstone.)

Hace mucho tiempo, el géiser Old Faithful se volvió sinónimo del Parque de Yellowstone. Todavía se oye a los turistas decir "¿Cómo se va a Yellowstone? Quiero decir a Old Faithful." Este géiser es tan conocido que algunos visitantes creen que es el único del parque, y la mayoría opina que es el más grande, el más alto, el más caluroso, el más continuo, que tiene la emisión más grande de agua, etc., pero de hecho no posee ninguna de estas características. Sin embargo, es sin duda el géiser más conocido. Debido a su compleja historia, el géiser Old Faithful casi se ha convertido, con el tiempo, casi tanto una característica cultural como una natural. (Colección de Bob Barry/Archivos del Parque Nacional de Yellowstone.)

Índice

Albright, Horace, 83, 100, 101, 104–106, 108, 112
Canyon, 44, 52, 59, 69, 77, 89, 91, 99, 111, 120, 123
Chittenden, Hiram, 57, 78, 85
Cody, Wyoming, 75, 78, 84, 99, 121
Cook, Charles W., 10, 105
Doane, Gustavus, 9, 11, 116
Ejército estadounidense, 8, 31, 35–37, 49, 66, 69, 79, 83, 103
Expedición de Hayden, 9, 12, 15, 116
Expedición de Washburn, 9, 10, 13, 65, 105
Fishing Bridge, 78, 121
Fort Yellowstone, 36, 37, 49, 69, 102
Fountain Hotel, 29, 41–43, 51, 63, 97
Gardiner, Montana, 47, 49, 54–57, 63, 72, 97, 102, 113
Haynes, 7, 23, 24, 27, 28, 37, 38, 49, 95, 106, 116, 124
Henderson, G. L., 7, 20, 22, 24, 39, 40, 63
Ingersoll, Truman W., 21, 24, 29, 31, 33
Jackson, William Henry, 9, 12–16, 31, 116
Lake Hotel, 44, 49, 51, 67, 84, 91, 100
Mammoth Hot Springs, 16–18, 20–24, 26–28, 30, 34, 36, 39, 50, 58, 59, 64, 69, 76, 86–88, 94, 95, 104, 109, 110, 114, 116, 118, 124
Moran, Thomas, 11, 14, 116
Norris, P. W., 16, 18, 19, 33, 79
Northern Pacific Railroad, 9, 11, 23, 27, 47–49, 54, 113
Old Faithful, 6, 13, 16, 30, 49, 50, 60, 63, 69, 71, 79–82, 107, 111–113, 117, 118, 125
Servicio de Parques Nacionales, 8, 63, 69, 83, 87, 98, 101–104, 109, 111, 115, 119, 122
Shaw and Powell Camping Company, 49, 62, 69, 73, 89, 97
Union Pacific Railroad, 12, 49, 50, 80, 88, 96
Watkins, Carleton, 21, 22, 26, 28
Wylie Camping Company, 49, 53, 54, 62, 65, 69, 71–75, 77, 82, 89, 92, 97

Discover Thousands of Local History Books
Featuring Millions of Vintage Images

Arcadia Publishing, the leading local history publisher in the United States, is committed to making history accessible and meaningful through publishing books that celebrate and preserve the heritage of America's people and places.

Find more books like this at
www.arcadiapublishing.com

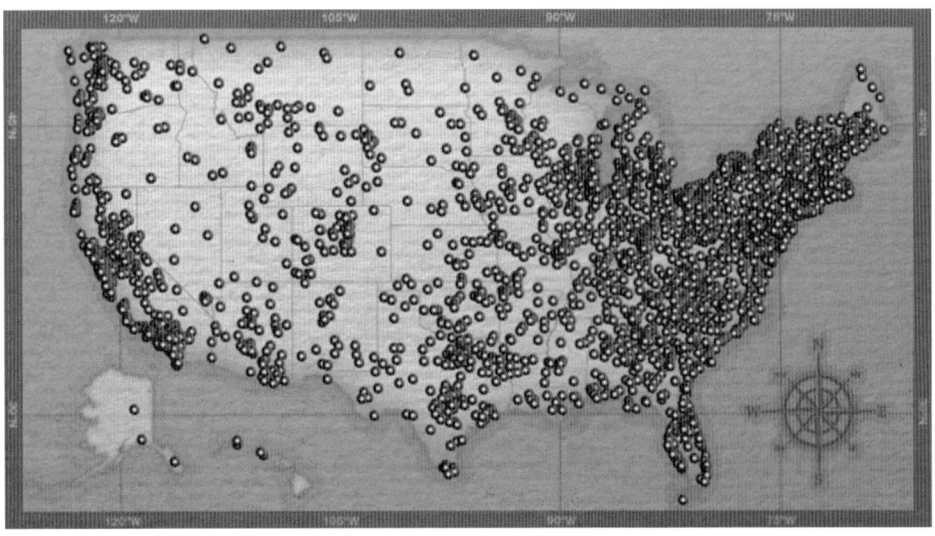

Search for your hometown history, your old stomping grounds, and even your favorite sports team.

Consistent with our mission to preserve history on a local level, this book was printed in South Carolina on American-made paper and manufactured entirely in the United States. Products carrying the accredited Forest Stewardship Council (FSC) label are printed on 100 percent FSC-certified paper.

MADE IN THE USA